西方三大最热传奇形象系列

全彩插图版

帅芸 // 编著

吸血鬼,传说中不死的猎食者,西方世界里嗜血的魔怪!

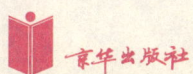
京华出版社

全国百佳出版社
中央编译出版社
Central Compilation & Translation Press

图书在版编目（CIP）数据

吸血鬼的前世今生 / 帅芸编著 .—北京：京华出版社，2010.12

ISBN 978-7-5502-0060-9

Ⅰ.①吸… Ⅱ.①帅… Ⅲ.①鬼 – 文化 – 研究 – 西方国家 Ⅳ.① B933

中国版本图书馆 CIP 数据核字（2010）第 207766 号

吸血鬼的前世今生

编　著	帅　芸
出版发行	京华出版社
	（北京市朝阳区安华西里一区 13 号楼 2 层　100011）
	（010）64258473　64255036　64243832（发行部）
	（010）64258472　64251790　64255606（编辑部）
	E-mail:80600pub@bookmail.gapp.gov.cn
印　刷	三河市华新科达彩色印刷有限公司
开　本	710mm×1000mm　1/16
字　数	275 千字
印　张	13.75
版　次	2010 年 12 月第 1 版
印　次	2010 年 12 月第 1 次印刷
书　号	ISBN 978-7-5502-0060-9
定　价	36.00 元

京华版图书，若有质量问题，请与本社联系

千百年来,各种神魔鬼怪一直活跃在人们的幻想中。"吸血鬼"这种不死的猎食者,是其中最神秘也最吸引人的一种。与此同时,无论在宗教、科学还是文化等领域,"吸血鬼"形象都有着极为重大的影响。随着近年来"吸血鬼"小说与电影的火爆,这个源自于西方的神秘形象也已经被广大的中国读者和观众所了解。但由于文化的差异,大多数人们除了猜忌、恐慌、幻想、疑惑等反应,对于"吸血鬼"并没有深入的认知。

从起源到现在,"吸血鬼"经历了千百年的演变,而有关它的历史与传奇、社会背景及影响力却远远大于人们的想象。"吸血鬼"真的存在吗?他们是怎么出现的?有哪些特征和能力?又有着怎样的传说和背景?……本书从各种不同的角度入手,详尽地揭秘有关吸血鬼的种种故事传说,如传说中吸血鬼的天性、能力、生存环境、形象,吸血鬼的种族、戒律、辈分阶级、吸血鬼的变身之法等。

此外,本书还详细列举了吸血鬼对于文化艺术的重大影响,包括文学、影视、动漫、游戏、戏剧、音乐等。

那么,就请跟随本书,一起探访"吸血鬼"那古老而又神秘的世界吧!

前言 FOREWORD

目录

第一章 解读吸血鬼 / 1

第一节 吸血鬼是什么……………………………………2
第二节 吸血鬼形象的转变………………………………8

第二章 吸血鬼的历史与传说 / 15

第一节 吸血鬼现象的起源………………………………16
第二节 吸血鬼的始祖……………………………………25
第三节 希腊神话中的吸血鬼……………………………35
第四节 欧洲吸血鬼的传说………………………………41
第五节 其他国家吸血鬼的传说…………………………49

第三章 吸血鬼的世界 / 59

第一节 吸血鬼族群………………………………………60
第二节 吸血鬼的辈分阶级………………………………76

第三节　吸血鬼戒律…………………………… 85

第四节　吸血鬼的心路…………………………… 90

第四章　吸血鬼的生死存亡 / 107

第一节　如何成为吸血鬼………………………… 108

第二节　如何识别吸血鬼………………………… 117

第三节　吸血鬼的死亡…………………………… 127

第四节　吸血鬼的战争…………………………… 134

第五章　吸血鬼在现实中的科学
　　　　　解释与相关人物 / 143

第一节　吸血鬼的科学解释……………………… 144

第二节　史上最有名的吸血鬼——德古拉伯爵… 153

第三节　与吸血鬼相关的其他历史人物 ……… 160

目录

第六章　吸血鬼与文化艺术 / 165

第一节　文学中的吸血鬼…………………… 166

第二节　影视剧中的吸血鬼………………… 178

第三节　动漫与游戏中的吸血鬼…………… 189

第四节　音乐剧与音乐中的吸血鬼………… 197

第五节　油画中的吸血鬼…………………… 205

附录：探访吸血鬼地图 / 207

第一章
解读吸血鬼

传说中的吸血鬼是什么？它是僵尸还是鬼魂？是魔鬼还是恶魔？与人类相比，它有着哪些特别之处？从古至今，它的形象经历了怎样的转变？

1 吸血鬼是什么

深夜，浓密幽深的森林上空，惨淡的一弯残月被几丝阴云遮掩着，一片被阴气笼罩的墓地，枯木腐朽、鬼影憧憧。随着几声凄厉而诡异的尖叫，几只异常巨大的蝙蝠像鬼魅一样划过天空。远处，一座古老的城堡，矗立在悬崖峭壁之上，幽暗、深不可测的护城河水，围绕着古堡，与大地相连的只有那用粗

◎ 古老的城堡

第一章 解读吸血鬼

壮的乌铁铸成的锁链将糟朽的吊桥高高挂起……这里居住着一群游走于黑暗世界中的神秘的魔怪——他们就是让人爱恨交织的吸血鬼。

吸血鬼的传说诞生于西方世界，很早的时候在欧洲就流传着有关吸血鬼的种种传说。它与狼人、科学怪人一起并列称为"世界三大怪物"。在英文中，吸血鬼为vampire，其意思是僵尸、吸取血液的恶魔。事实上，吸血鬼并非僵尸的一类。僵尸的英语为corpse，是活动的死尸，在本质上为僵而未死的尸体。在传说中，一般久葬不腐的尸体或新尸最容易引发异变而成为僵尸。僵尸主要靠吸血和吃人肉作为食物，它本身没有灵魂、没有思维，只是能动而已，特征是跳跃着行走。吸血鬼主要以吸血为生，虽然他们也没有心跳、没有体温、没有呼吸，但却和人类一样会思考、交谈、四处走动，更像一种活着的尸体。因此，吸血鬼的级别要比僵尸高贵许多，他们有着自己的族群，并且通常自称为"血族"。

那么吸血鬼是魔鬼或恶魔吗？不，都不是。在汉语中，魔鬼与恶魔也许只是对异界中同一种邪恶生物的不同称呼，但实际上这两者是有区别

◎ 吸血鬼的传说诞生于西方世界，很早的时候在欧洲就蔓延着有关它的种种传说

◎ 女吸血鬼

的。在魔族中，它们是处于两个不同阵营的邪恶生物，恶魔是混乱邪恶阵营的，魔鬼则属于守序邪恶阵营。

吸血鬼与他们的区别在于：魔鬼和恶魔都不需要睡眠和进食，同时，它们生来便拥有行动与战斗的所有能量和魔法；而吸血鬼没有与生俱来的异能和法术，它需要用血来维持生命、增长能量，受重伤时还要进入棺材里休息进行自疗。此外，魔鬼和恶魔都没有固定的社会组织，也基本上没有自己的宗教；而大多数吸血鬼都有着自己崇拜的神明（例如该隐、犹大、莉莉丝等），并且有自己的社会组织和氏族。

在韦伯斯特国际字典中对吸血鬼解释是：具有生气的死尸或吸血的鬼魂，死尸在夜中徘徊或来自坟墓的灵魂，吸取睡眠中的人的血，导致他们的死亡。其实，这种解释也不太准确，因为吸血鬼并非鬼魂的一类。鬼魂是传说中人死后的灵魂，它是一种不属于肉体躯壳的精神物质。极端唯心主义指出：身体只是物质的躯壳，人死之后灵魂可以"脱离身体"独立存在，除了一些被开除教籍的所谓被神驱逐和放弃的人，所有的灵魂都是可以复活的，而鬼魂则是这些没有获救之前的灵魂。吸血鬼与鬼魂的区别在于：他是被从遗弃的世界里出来的恶灵所附体的身体，属于邪恶而有害的异灵。吸血鬼是没有影子的，因为影子、影像都是灵魂的象征，吸血鬼没有灵魂，因此也就没有影子。

　　传说中吸血鬼的形象具有以下特征：就像被上帝遗弃一样，吸血鬼既不是神、也不是鬼魂或魔鬼、更不是人。它有着人类无法相比的永恒的生命与非凡的能力。虽然他们通常不需要进食，但需要不断地吸食人类的血液来维持生命。当他们感到饥饿时，就会对鲜血产生强烈的渴望。吸血会为血族带来美妙的感受，就像吸毒一样痛苦却又无法克制地上瘾。不过它们不能吸死人的血，因为那不是吸血而是吸毒药了。除了人血，也有一部分吸血鬼会吸食动物甚至其他吸血鬼的血。除了吸食血液的种类不尽相同外，吸血鬼吸血的方式和行为也有所不同。例如有的吸血鬼会豢养一些"牲畜"供自己食用，但这些牲畜并非牛、羊之类的动物，而是一些因为某种原因自愿贡献鲜血的人类；而另一些吸血鬼则会利用特殊场合诱惑人类达到

◎ 除了人血，也有一部分吸血鬼会吸食动物甚至其他吸血鬼的血

目的。当然，还有一些吸血鬼会采取攻击的方式强行吸食人的血液。在他们吸血之后，还会用自己的办法让受害者的伤口愈合以掩盖自己的罪行。

吸血鬼通常都体力惊人、攻击力也十分可怕，并且拥有人类两倍的能力。在一些传说中，吸血鬼完全能继承被吸人的全部能力，因此一旦吸了强者的血，会变得越来越强（不过在最开始吸血的时候会有能力值的限制，如果吸取比自己更高级的反而会发生异常，变成更低级的吸血鬼）。如果一个吸血鬼同时吸取了好几个人血，那么他的力量也会得到递增。

吸血鬼有自己的文字和语言，但他们比人类更加智能，更加优秀的智能，能够透视和读懂人的心灵，他们的力量也远大于一般人类，而且拥有常人无法获得的异能：它们有时可以变形为动物，一般是蝙蝠或者狼，以便袭击猎物。他们有着极快的飞行速度。不过，这些能力并不是生来就有的，吸血鬼最初的能力和凡人相差无几，随着年龄和经验的增长，吸血鬼会逐渐发掘自身的能力，从而使自己变得强大起来。

当吸血鬼自身受到伤害时，可以利用体内的血来治愈自己。因为吸血鬼的永生不死，所以它们常被人们称为"不死生物"。很多吸血鬼的前身都曾是人类，只是因为被其他吸血鬼咬伤之后，经过一次死而复生的过程才变身为吸血鬼，而一旦成为血族的一员，便可以获得"不死之身"，成为名符其实的"活死人"。

吸血鬼的生活环境都是黑暗的，基本都远离阳光。在文明初期，吸血鬼大多生活在自然洞穴，不喜欢做远距离的移动和探险。后来一位伟大的发明家埃迪创造了打地洞的方法来扩大领域，由此奠定了吸血鬼定居生活的基础，之后又经过不断的发展，逐渐形成了庞大的吸血鬼的地下世界。不过与地面世界的人类相比，吸血鬼的活动领域扩大速度是非常缓慢的。最初，全部的吸血鬼都生活在同一个巢穴里，但是经过岁月的流逝，人口增多,有的喜欢定居,有的则喜欢到别的地方去,于是便建立了越来越多的吸血鬼基地,每个基地都由生活时间最长的吸血鬼担任长老,管辖那个地区。此外,也有一些单独生活的吸血鬼以坟墓和棺材为栖息地,他们白天以尸体的方式存在,只在夜晚才出来活动。

大多数情况下,他们可以像正常人一样生活,还可以混入人群之中,甚至随意进出人类的住所,不过在未被邀请的时候他们通常不会随便进入房子。

总的来说,传说中的血族是一个古老而神秘的种族,他们拥有嗜血的天性、强大的力量和不死的生命,可以说,他们属于一种永生不老的、超自然不死的生物。

◎ 吸血鬼以坟墓为栖息地

知识链接

布鲁砂

葡萄牙的女吸血鬼,据说布鲁砂可以凭借巫术的力量将自己变成凡人的模样或转变为其他可怕的样子吓唬被害人。通常她会在夜里变成鸟的样子出外寻找一些在夜晚迷失方向的旅人,然后用妖法将自己变成普通女子的外貌,将旅人引诱到自己居住的地方杀害,据说布鲁砂是不会被杀害的,终其一生都不会死亡。

2 吸血鬼形象的转变

◎ 吸血鬼

许多资料表明，早在公元前6世纪的中国甚至更早的波斯就出现了吸血鬼的传说。不过那时的所谓吸血鬼其实是各种神、魔鬼，根本算不上吸血鬼。例如：在罗马尼亚，吸血鬼被认为是由一些特殊的鬼魂转变而成的，在那些鬼魂未变成吸血鬼前，有着各种各样的名称，像喊命鬼、敲门鬼、造访鬼、九死鬼、扑人鬼、饿死鬼、噩梦鬼、咀嚼鬼、勒死鬼、动物形鬼魂。这十大鬼魂被认为是吸血鬼的前身。

有关吸血鬼的故事可以追溯到千万年以前，并且出现在世界上各种不同文化之中。他们的形象也是千奇百怪的：如古希腊神话中的人面蛇身女怪、半人半鸟女妖、铜脚恶魔；日本的吸血狐狸、马来西亚传说中的人头下拖曳着内脏的怪物等。

在罗马尼亚，吸血鬼最早的形象是一种附体的鬼魂：它们眉毛蓬乱，手掌长毛，以坟墓和棺材为家。它们畏惧日光,常在夜间从坟墓里爬出来吸食活人和牲畜的血。而吸血方式通常不是用牙齿咬受害者,而是通过皮肤的毛孔进行吸血。

今天,我们所熟悉的吸血鬼形象仍然流传于东西方的古老传奇之中。可以说,吸血鬼形象的魅力来自于"吸血鬼"这一传说中的超自然生物本身,同时也来自于人们的迷信和想象。

在最初几百年的传说中,吸血鬼的形象充满着离奇而恐怖的迷幻色彩,他们被描述成一个凶残、冷血、恐怖、丑陋的魔

◎ 可怕的吸血鬼

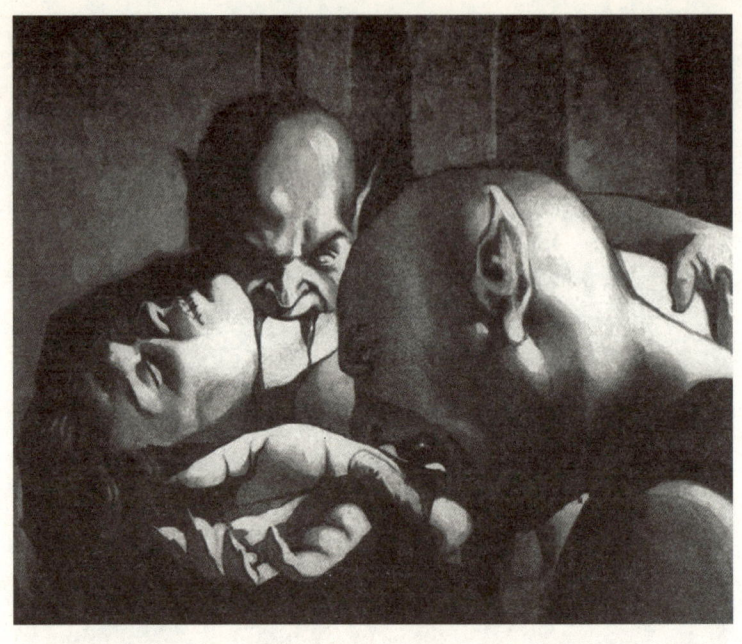

◎ 两个吸血鬼在吸血

鬼形象：苍白的面孔和肤色，尖耳朵、神经质的深色眼睛，而最重要的特征之一就是一对不可缺少的、用来吸血的长而尖利的犬牙。这一形象与《圣经》中的恶魔形象十分类似，只不过恶魔的尖耳朵更大，并且像猪耳般下垂，还有着大而空洞的橙黄色眼睛以及长而尖的尾巴和黑色的羽翼。

到了18世纪上半叶传说中的吸血鬼与现在的传说基本上相差无几：由于微血管里不再饱含血液，他们的身体冰冷、皮肤惨白、没有一丝血色，但嘴唇红艳，眼睛也多为红色；他们的牙齿可以随意地生长和隐藏，大部分的时候他们会将牙齿隐藏起来以掩饰自己的真正身份；吸血鬼喜欢咬人的颈动脉，特别是对女性，他们一般都是用犬牙切入被害人的脖子来吸取鲜血（不过也有传说认为吸血鬼用两个门齿、或者前排上面的某两个牙齿来吸血）；吸血鬼的指甲很长、双手极有腕力，手指还能变化为坚硬的爪子，在许多故事中，吸血鬼也可以通过尖锐的爪子划破皮肤来吸血；吸血鬼靠夜间从坟墓里出来吸取人血维持生命，当他离开巢穴时，

第一章
解读吸血鬼

◎ "人鬼之恋"

狗吠狼嚎,当他潜入民居时,守夜人立刻昏昏入睡;吸血鬼可以变换成苍蝇、老鼠和蝙蝠等各种动物,甚至能像蜥蜴一样在古堡上飞檐走壁;当太阳高照,吸血鬼们就躲在棺材或装满坟地泥土的箱子里睁眼睡觉,由老鼠护卫着他……

不过在文学和电影中,吸血鬼的形象却有着更多的改变与创新,有些特点被夸大了,有些则简化了。中世纪中后期,西方坊间文学中的吸血鬼多为吸血妖魔的单一形象,并且人为地掺杂了不少变态的情欲色彩。

18世纪,吸血鬼的形象开始转变得立体和人性化,他们大多被描绘成身材高挑、脸色苍白、眼神犀利、鹰钩鼻子、发色乌黑、嘴唇鲜红的年轻男子。与此同时,他们已不再是单纯地只知道渴望鲜血、猎取少女的恶魔,在与人类相互接

◎ 德古拉

触的过程中，渐渐衍生出许多既带有恐怖神秘余味、又具有微妙浪漫情调的"人鬼之恋"。

随着浪漫主义文学运动的发展，吸血鬼开始以迷人的女性形象登场，她们大多极为性感、美丽，令男人心猿意马，打破了人们对于传统吸血鬼的想象。

随着吸血鬼小说《德古拉》的诞生，借助于历史人物的原型，一个来自中世纪的、有着英国绅士风度的吸血鬼贵族——德古拉伯爵，从此成为后世吸血鬼形象的经典与代表。于是在一大批文学作品和影视剧中，吸血鬼以中世纪贵族的形象出现，男吸血鬼面貌英俊、体型修长高大；女吸血鬼则妖娆美丽，皮肤白皙光滑，穿着华丽雍容，举止优雅得体。他们通常很有吸引力，而且相当性感，这非常有助于引诱猎物的上钩。不过这种美丽是不可靠的，它们只有维持在罪恶的行为上才能实现，一旦他们失去了人类鲜血的供应，就会变得丑陋无比。这时的吸血鬼也不再局限于坟墓或棺材的生活，而往往拥有自己的城堡，生存环境奢华很多。

大概是因为喜欢黑夜与血液的缘故，吸血鬼们大都穿着黑色和红色的衣服。而最经典的装扮是18世纪伦敦式的黑色西服套装，加上长及脚踝的黑色的大披风。

20世纪之后，吸血鬼的形象更加多样化，它们不只是本质非人且具备诱人形貌的样板邪魔，还拥有了更多与人类相近的思想与情感，在魔鬼的基础上增加了一份人性，并且充满了各种类似于人类的矛盾。

在种族平等的影响下，吸血鬼的肤色、发色和眼睛的颜色都趋向于多样化，不再局限于白种人。而他们的外形也变得更加时尚，服饰也不再局限于优雅的西服和披风，而是转向更加时髦的前卫打扮。如电影《刀锋战士》中吸血鬼的衣服与街头流行的年轻人没什么区别。

此外，在一些现代科幻小说当中，吸血鬼还被

◎ 吸血鬼的披风

◎《刀锋战士》的服饰

以科学的角度演绎成各种不同的形象：变种人、外星人、特殊仿生人、甚至猿人等等。这一切都充分显示了人们对于吸血鬼无穷的想象力。

近百年来，随着流行文化的日益更新，吸血鬼已经成为从宗教走向感性膜拜的奇特的夜之魔鬼，由最初的恐怖、丑恶逐渐趋于神秘、新奇、美化，演变成为神秘唯美的文化象征，也因此更加具有魅力。但不管怎样演变，无论是传说还是电影，这一切都离不开人类无穷无尽的想象。

传说中的十大鬼魂

喊命鬼：一种叫唤别人的名字就可以杀死对方的鬼魂。

敲门鬼：以敲门来杀死人的鬼魂，一般敲门鬼所想带走的人都是亲人。

造访鬼：属于敲门鬼的变种，唯一能区别的是，敲门鬼据说能撞门。

九死鬼：这种鬼魂的恶行只限于九个亲人死亡。

扑人鬼：有一种"妖精"会扑到途经某地的人身上，并栖息在人身上。一旦被这种鬼魂缠身后，身体一直处于完全虚弱的状态，好像被吸取生命精华一样。

饿死鬼：一种说法认为，生前是活活饿死的；另一说法认为其鬼魂是永远填不饱肚皮的吃人怪物。

噩梦鬼：噩梦鬼会卡住受害者的脖子，压在他们的身上，让他们受到压迫做噩梦而疲劳。

咀嚼鬼：在欧洲，死者埋入土中身上要覆盖裹尸布，咀嚼鬼就是吞食身上盖着的裹尸布，也有吞食身体的。

勒死鬼：九死鬼的变种，其特征是将人活活勒死。

动物形鬼魂：死者死后会幻化成各种动物形态去加害别人。

第二章
吸血鬼的历史与传说

　　有关吸血鬼的历史远远大于人们的想象，从起源到发展，其中经历了千百年的演变。其中绝大部分都来自于神话、迷信和各种民间传说。而在不同的国家和地区，所呈现出来的形象、类别和故事也各具特色。

1 吸血鬼现象的起源

在西方人早期的认识中，血是尘世间的人无权享用的神的东西；但同时，他们又把血视为不祥和灾难的象征，就像被蛇诱惑的夏娃，她的后裔从此有了月经，被认为是不洁净的伤口。女人在月经期间不得在公共场合露面，否则就会引起灾祸，如谷物歉收、面包不发酵，酒变酸等。因此对希伯来人来说，血有一种灾难性的意涵，凡有血的地方必定有罪恶。

据说，第一批认为有喝血恶魔存在的是波斯人，因为在当地出产的一只史前陶罐碎片上记载着这样的画面：一个男人正在与要吸他血的魔鬼搏斗。不过在地理和年代上没有办法具体考证。

直到14世纪，随着一场大面积的、致命的瘟疫灾难，出现了各种有关吸血鬼的形象。

当时，整个欧洲被笼罩在一片死亡的阴影之下，恐惧的人们为了保全自我、避免受到传染，常常在病者尚未确定是否死亡前就仓促掩埋，几天以后，由于某种原因人们打开坟墓，结果发现尸体残损并且沾有血迹，有的甚至还改变了姿势，这些现象不过是由于被掩埋者尚

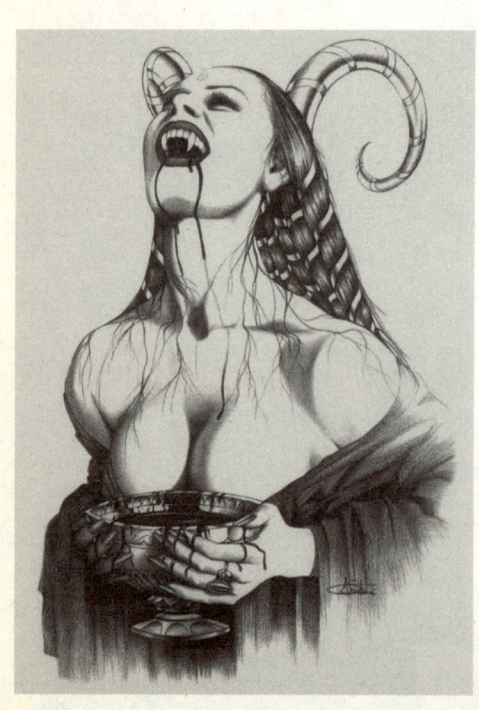

◎ 以血来献祭

◎ 吸血鬼迷信

未死去、在棺材内醒来后痛苦挣扎所导致的结果,但在落后、愚昧、无知的东普鲁士、西里西亚、波希米亚等地却被曲解成了所谓尸体的活动与自我吞食。从而引发了持续几百年的吸血鬼迷信。

1484年,有两位修士编写了一本专门研究鬼魂的书籍《巫术之密》。其中,包括与睡梦中男人性交的女魔鬼,以及奸污睡梦中妇女的魔鬼。这本书得到了教皇英诺森特八世支持,并且被批准出版,这是基督教会第一次承认神怪力量与魔鬼的存在。而在当时,这些魔鬼和吸血鬼之间并没有一个明确的界限,于是吸血鬼就和其他各种妖魔鬼怪一起蓬勃发展起来了。

1552年,在普鲁士和西里西亚兴起一项习俗,就是在死者嘴里放一枚石块或硬币以防止死者咀嚼。人

们相信，那些欧洲瘟疫时期在坟墓中自我咀嚼的死人有着从远方使人丧命的魔力。他们称这些死人为"吸血鬼之初"；而法国著名的神学家约翰·加尔文和瑞士神学家拉瓦特等人则认为炼狱里没有灵魂存在，只能用巫术来解释死人为何会复活。1581年，拉瓦特出版了一本关于夜间幽灵和鬼魂的论著，并提出一种假设的观点：显灵的并不是复活的死人，而是变成死人模样的魔鬼。这个观点得到对神秘学颇有研究的苏格兰国王詹姆士一世的认同，他在1597年发表的论文《恶魔研究》中也持此观点。从此，"僵尸是魔鬼的帮凶"成为一种学术的依据。

17世纪，吸血鬼迷信开始向希腊、巴尔干半岛、俄罗斯和奥匈帝国蔓延，特别是东欧地区最为集中。当时东欧远比西欧贫困，文艺复兴的光芒也没有照射到这里，贫穷总是与愚昧相伴，人们的生活中缺少快乐，以为快乐是一种罪孽，所以他们非常热衷这些稀奇古怪的传说。

虽然当时欧洲已经度过了文艺复兴时代，科学有了相当的发展，但是这仅仅是对于上层那些受过教育者而言的，广大的劳动者依旧是无知的。尤其是巴尔干半岛，当地的农民被封建领主们剥夺了受教育的权利，从事着靠天吃饭的劳作。除了远离文化中心，他们还受着土耳其人的统治。在他们的精神世界里，除了与当地巫术所结合的上帝以外，

◎ 约翰·加尔文

就是精灵与鬼怪的世界。

与此同时，西欧各国借助于宗教裁判所的力量压制各种巫术和迷信，甚至不惜采取烧死女巫这样的极端方式，所以西欧的吸血鬼迷信相对于东欧来说要低迷的多，正是因为如此，后世的吸血鬼便与东欧结下了不解之缘。

1679年，德国出版了一本名为《死者咀嚼现象之历史与哲学》的书。在书中，作者罗尔把一些尸体在坟墓中咀嚼的现象解释为魔鬼附身。当时，这个观点得到许多人的支持。不过，1728年这一观点被莱恩夫特在名为《随意在坟墓里咀嚼的尸体》书中予以了驳斥。

1693年，在巴尔干半岛的一家当地报纸上报道了一件离奇古怪的事情：有人在一座被挖掘的坟墓中看到一具鲜活的身体，惨白的身体、呈钩状的指甲，浑身充满鲜血，当地人认定这是一具被魔鬼抓获来的尸体。很快，这个事件像历史上发生过的无数类似巫术恐慌一样，在巴尔干半岛流传开来，而吸血鬼形象便是这样随着人们恐慌的心理而诞生了。

后来，关于吸血鬼的传说越来越多，在无数人添油加醋的传播中，成为街谈巷议的绝佳材料。其中英国出版的《欧洲的吸血鬼》一书中描述了这样一个传闻：在匈牙利偏远山区的一个村子里，有一些村民看到一个鬼魂以狗的形象出现在人们的面前，而出现在另外一些人的面前时，又变身为一个瘦削、丑陋的男人，这个怪物还袭击了几头牛，并且吸干了牛的血液。这些可怕的描述让所有人都感到战栗，人们害怕这个怪物会扼住自己的喉咙窒息而死。

18世纪，随着欧洲启蒙运动的兴起与壮大，"理性"思想得到了胜利，在这段时期里各种迷信都受到了严重打击。然而，有关吸血鬼的迷信风潮却相反的得到空前的发展，而且俨然成为社会现象。

1710年，瘟疫再度流行，东普鲁士地区深受其害，为了消除人民的恐惧，当局将瘟疫的罪魁祸首转嫁于吸血鬼身上，并且采用了许多骇人听闻的手段，比如把一座公墓里的坟墓全部打开检查，如果没

◎ 指甲成钩状的吸血鬼

有腐烂的尸体就会被当作吸血鬼用木钉钉死。

1725年，在匈牙利的基齐罗瓦村庄，一个62岁的名叫普罗戈约维奇的农民去世，隔天他的儿子被发现死在家中，之后共有八位邻居和村民受到了攻击，全都死于失血过多。人们相信是这个农民死而复活，变成吸血鬼杀死了他的儿子和村民。

另一个事件发生在塞尔维亚的梅德维杰亚村，据说一位名叫阿诺德·鲍勒德的农民由于受到吸血鬼的攻击，从一辆装干草的大车上跌下来摔死，之后他的邻居们和许多家畜也都一一死去。

第二章 吸血鬼的历史与传说

这两起耸人听闻的事件引起了当地民众及当局的高度重视,并且进行大范围的调查,但最后当局对公众隐瞒了调查的真相。第一起案件的报告如今还存放在维也纳的档案馆里,其中第一次出现了"vampire"这个名词,这也是法语中第一次出现吸血鬼的名称。

1731年12月,当局对第二起事件进行了更加深入的调查。一位名叫弗鲁肯格的军医把整个的调查过程和结果都做了详细的笔录,接着交由海杜克连队的几位军官和医生签名,然后以《见闻与发现》为题呈送到了贝尔格莱德的军事法庭。这次事件引起了西欧统治阶层的极大兴趣,包括奥地利皇帝查理四世和法国国王路易十五。路易十五还命令首席大臣黎赛留公爵把案件的正式结果写成详细的报告呈给他。与此同时,欧洲媒体也对这两个案例大费笔墨。1732年3月3日,《见闻与发现》在巴黎著名的《拾穗者》杂志中刊登出来(《拾穗者》是法国和荷兰合办的杂志,在巴黎凡尔赛十分受欢迎)。很快又在同年3月21日的《伦敦日报》上再度刊登。

不久,《拾穗者》杂志又连续刊登了两期专号,宣称要邀请一批科学家来研究吸血鬼。在媒体的推波助澜下,吸血鬼被炒得沸沸扬扬,并且在文艺界和大

◎ 吸血鬼形象

学里激起了无数的争议和论战，成为家喻户晓的可怖怪物，而西方也有许多人真的开始研究起了这个可怕的怪物。

虽然这已经是一个是理性逐渐战胜蒙昧的时代，启蒙思想家宣称，人类如果在理性的指导下战胜迷信与偏见，人类就能走向光明的未来。但是他们忽视了人性中阴暗的一面，在人的内心，总是存在着一种深深的恐惧感，对神秘现象的难以言语的敏感。而有些时候，即使是科学的力量也无法战胜人们内心的思想。

全欧洲都被这两个案例吸引了，许多人借机出版了大量关于阐述吸血鬼的小册子，其中比较著名的是1732年克里斯蒂安·斯托克的《论吸血的尸体》和1732年约翰·佐普的《论塞尔维亚的吸血鬼》。由于这些小册子大多以耸人听闻而招徕读者，遭到了一些思想启蒙先驱和理性一派的大力批判，

◎ 吸血鬼成了家喻户晓的可怖怪物

一些宗教理论家纷纷出来撰文立说，以正视听。吸血鬼的现象从而成为各种论著间激烈争论的重点。

1746年，以注解圣经而闻名的塞农修道院的院长卡尔梅出版了一本名为《论匈牙利、摩尔达维亚等地的附体鬼魂、被开除教籍人、吸血鬼及活尸》的论著，虽然他的本意是驳斥吸血鬼迷信，但书中却列举了大量有关的例子，并且搜集了很多吸血鬼行动的踪迹，几乎可以当作一本轶闻录来看，称不上成熟严谨的著作。不过，仍然有许多历史学家、社会学家和人类学家对他的书充满兴趣。此外，在意大利佛罗伦萨主教达万札蒂撰写的《论吸血鬼》以及教皇本笃十四世的著作《天主赐福和圣人列福》中，都对吸血鬼持否定的态度。1787年，以编纂《百科全书》而闻名的法国思想启蒙先驱伏尔泰在出版的《哲学辞典》里对于吸血鬼迷信表示了极大的愤慨，另一位著名思想家卢梭则在给巴黎大主教的一封信里对这种迷信的蔓延感到不可思议。

◎ 卢梭像

这些论著交战的结果，反而让有关吸血鬼的迷信从过去的道听途说变得更加广为人知，从前，表示"附体的鬼魂"或吸血者的字眼很多，自从鲍勒德事件发生以后，几乎所有的人都不约而同地接受了吸血鬼"Vampire"这个词，同时，关于吸血鬼的特征也普遍为人们所接受。

1876年，一位受人尊敬的法

国神甫奥古斯丁·卡尔梅在《论魔鬼、天使和精灵的显现与吸血鬼在匈牙利、波西米亚的转世》一书中写道:"本世纪,从差不多60年起,一种新的场景展示在我们眼前。看到已经死去好多年,至少是好几个月的人转世回来,说话、行走、侵扰村庄、残害人畜、吸他们亲人的血,使他们生病,最后死去。自古以来大概都没有看到或听说过这类事。"卡尔梅相信这些都是最真实和确定无疑的记载,并且写了很多这样类似的文章。在一批类似卡尔梅的作者的宣传和影响下,相信吸血鬼的人也越来越多了。

西瓦塔特

西瓦塔特出没于阿兹提克地区,是懂得巫术的恐怖吸血鬼。据说他是阿兹提克月之神的仆役,曾经是贵族,却因为难产而死亡,因此小孩子是她最爱的猎物。西瓦塔特的脸苍白无比,且有三只手,手上总覆盖着白色的粉。最容易辨认他们的方式就是他们的衣服上时常绘有骷髅的画像。

2 吸血鬼的始祖

如同人类有自己的祖先一样，吸血鬼也有自己的开创始祖，有关吸血鬼的身世也成为众多学者争论不一的"历史悬案"。那么吸血鬼的始祖到底是谁？这个说法各有定论，其中流传最广泛的包括：亚当的妻子莉莉丝、出卖上帝的犹大、亚当与夏娃的儿子该隐。

在犹太人的神话中，"第一个吸血鬼"被传说为人类的始祖亚当的第一任妻子莉莉丝。莉莉丝的名称源于希伯来语，意思是"夜妖"、"来自夜晚的"。她掌控着黑暗与死亡，是黑暗领域的使者、魔鬼撒旦的忠实伙伴，非常淫荡和残忍。

传说莉莉丝是由上帝创造出来的第一位女性，她与亚当一同诞生，并且生活在完美的伊甸园中，过着无忧无虑的生活。然而上帝没有赋予他们两个人平等、公平的权利，他要求莉莉丝听从于亚当。莉莉丝却不甘心受到亚当的控制，她认为他们都是被上帝从泥土中创造出来的，应该是平等的。她要求上帝赐予

◎ 苏美尔－希伯来女神莉莉丝

她与亚当平等的地位，但遭到了上帝的拒绝。莉莉丝嘲笑亚当的粗暴和自大，并且说出了上帝隐秘的名字，之后便离开了伊甸园（早期犹太人的宗教为多神教，每一个神都有自己秘密的名字，如果得知了这个名字，就能够让神为自己服务。因此"十诫"中说"不可滥用神的名"），前往红海，为了报复上帝，她开始与野兽、魔鬼们性交，并且以每天100个的速度产下恶魔之子，独自繁衍自己的孩子。

在亚当的诉苦下，上帝又从亚当的肋骨里创造出夏娃做为亚当的第二任妻子，继续繁衍后代，莉莉丝得知后便开始不断地杀死亚当和夏娃的孩子。最终，在三名天使威逼下，莉莉丝经受不住折磨而跳入红海而死。因为莉莉丝是神创造的，并没有那么容易死去，于是她像灵魂般在红海里漂浮着，成为红海中的夜之魔女。（"红海"与印度教的破坏女神卡利·玛的"血之海"同源，意味着所有生命孕育自女性的经血，而作为从血海中诞生万物的代价，也要向血海补充鲜血，例如人祭。莉莉斯因此被古代希伯来人视为大地和农耕部族的太母。）

直到有一天，上帝要天使们臣服于圣子，担任天使长的路西法拒绝服从，并率领天界三分之一的天使叛变。经过

◎ 有关莉莉丝的绘画

三天的天界之战，路西法最终战败，就在他坠入地狱的同时，将沉浮于红海的莉莉丝也一同拉下了地狱。因为记恨上帝，莉莉丝便经常在夜晚到人间杀害人类的小孩。后来，她与堕落天使萨麦尔结合，生下一个女儿李林，便带着女儿一起继续残害小孩。

莉莉丝的形象及杀害婴儿的方式与古美索不达米亚传说中女魔头拉玛什的传说极为相似，她同样被描述为尖爪长翼的恶灵，专门在黑暗中盗杀婴儿和胎儿。这也许是犹太人将拉玛什的传说融进自己的故事里，或者是受拉玛什的影响而创造出来。不同的是，莉莉丝除了被描绘成可怕的怪物，还具有超人的魅力。在恶魔学中，她是统治星期五的女恶魔，她满头乌黑的长发并且有着大蛇的尾巴，见到她的男性无一不被她迷倒，而她也靠吸收男人的阳气得以长生不老。中世纪的修道士们认为莉莉丝和她的女儿是禁欲主义的大敌，因为她们会在夜晚化为美丽的妓女去引诱男人，吸取他们的生命力。

此外，在喀巴拉（犹太神秘主义）的经典《光辉之书》中，莉莉丝被称为诱惑人类和扼杀婴儿的恶魔。为了保护婴儿，犹太人会在婴儿的摇篮外围用白色涂料画上几圈圆圈，并且给婴儿挂上护身符，上面写有上帝派遣追回莉莉丝的三位天使的名字，但这并非十分有效，因为传说莉莉丝的能力比天使更强。在喀巴拉的信仰中，

◎ 路西法

◎ 莉莉丝，她与女魔 Mahlath、Naamah 并称为三大女魔

莉莉丝还被作为堕落天使撒旦的妻子，并且与另外两位女魔 Mahlath、Naamah 并称为三大女魔。

在上帝的十二个门徒之中，犹大被传说为吸血鬼的始祖。他因为 30 块罗马银币出卖了上帝之子耶稣，被信奉耶稣的教徒追捕，为了躲避追捕犹大逃进了一片树林。在他背叛上帝所得到的钱袋中，栖息着一只恶魔，它是人类内心世界的罪恶所不断积累而生出的。犹大在树下休息时忍不住打开了钱袋，恶魔飞出钱袋，看到犹大狼狈不堪的样子十分可笑，便问犹大："你后悔吗？"满腹不满的犹大对恶魔说："我好后悔没有将那些愚蠢的信徒杀掉，才会让我现在如此悲惨。"恶魔一听非常高兴，想利用犹大获得新生和力量，于是他对犹大说："我可以帮你逃离险境，但你必须和我订立一个契约。"犹大问恶魔："是怎样的一个契约？"恶魔说："只要你杀了那些上帝信徒，把他们的心给我，我就能帮你。"

犹大同意了，他用自己的血在一棵剥掉树皮的树干上写下与恶魔的契约。就在快写完的时候天空传来深深的叹息，原来是一位手持光之剑的天使，天使庄严地对犹大说："你背叛了上帝之子，将受到上帝的惩罚。你将终生……"话还未说完，恶魔就放出一支暗箭穿透了天使的胸膛。恶魔吸干了天使的鲜血，立刻便得到了天使的美丽容颜和不死的生命，得意忘形的恶魔马上露出了凶恶的本性，对犹大说："我不需要你了，我已经有了天使的生命力。"犹大发现上当，便诅咒说："我不会让你那么得意，你虽然到天使了的力量、生命、美丽，但别忘了我和你有一份还未写完的契约。"恶魔想上前阻止，但因为刚吸下天使的血，还无力运动四肢，犹大看出恶魔被限制，连忙在契约上写下：

"你虽有强过人类无数倍的力量，却要靠日日吸食鲜血才能为生。

◎ 拉玛什

◎ 上帝的十二个门徒

◎ 犹大之吻

你虽然有美丽绝伦的容颜,但吸血时就会露出丑陋的本性。

你虽有不老不死的生命,但只要用染有我的血的树桩钉入你的心脏,你就会马上死亡。

你的一切力量、容貌、生命都来自于黑暗,所以你无法在光明中行走。当你出现在光明中,就是一切化为乌有之时。"

就这样,恶魔在犹大的诅咒下成为吸血鬼。多年后,吸血鬼们始终受着那份契约的约束,而犹大的后人也一直在寻找吸血鬼的踪迹,想要灭掉这个种族。这个故事中,虽然犹大本人并非吸血鬼,但可以说明最早的吸血鬼是由犹大一手创造出来的。

关于犹大的传说,还有一个不同的版本,来自不知何人编撰的《圣经》后记:据说犹大出卖上帝之后,后悔不已,便在日落时分上吊自杀。但是上帝不肯原谅他,便让他死后变成了永生但永远孤独的吸血鬼,以惩罚他背叛的罪过(也有种说法是由于犹大的自杀不符教义,因此死后灵魂无法安息,天堂与地狱都没有他的位置,于是他的灵魂只能回到原本的身体里,变成了吸血鬼)。因为犹大是在黑夜变成的吸血鬼,所以他永远无法见到阳光;因为他是为了银币出卖了耶稣,所以银币就是他的克星;因为他背叛的是上帝,所以他害怕所有的圣器……

还有一种说法,人类始祖亚当与夏娃的长子该隐被更多人认为是吸血鬼真正的始祖。亚当与夏娃受到撒旦的诱惑吃下智慧之果,因此被上帝诅咒,驱逐出了伊甸园,之后他们便生下了两个儿子：该隐与亚伯（"该隐"的名意为"得到"）。该隐是个农夫，负责耕种，弟弟亚伯则是个牧人，负责放牧。当兄弟俩向上帝进献供品时，该隐贡献的是田地里出产的蔬菜和稻谷，亚伯进献的羊羔和羊脂油，结果上帝看中了亚伯的献礼。该隐因此非常嫉妒和生气，在田间用石头砸死自己的弟弟亚伯。

这一切都没有逃出上帝的眼睛，当上帝向该隐询问亚伯的去向时，该隐却谎称不知道。上帝说："听着，你兄弟流的血从地里向我哭诉。地开了口，从你的手里接受了你兄弟的血。现在起你要受到诅咒，离开这块吞噬你兄弟鲜血的土地。如果你种地，地也不再给你效力，你必须永远流离漂泊。"该隐说："我受不了这个惩罚。今天你把我从这里赶走，不让我再出现在你面前，我将成为一个流浪汉，遇见我的人都可能杀死我。"上帝则对他说："如果有人杀该隐，他就会遭到七倍的报应。"接着上帝给了该隐一个记号，以免他被遇见的人杀害。

就这样，该隐因为犯下了杀害亲人的重罪而遭到了上帝的放逐。

◎ 亚当与夏娃

但在神秘的吸血鬼的史料中,由于上帝的诅咒,该隐每到一处打算定居的时候,就会发现自己播撒的种子不被大地接受,无法得到正常的食物。后来他被迫开始吸食其他动物的血液果腹。按照古犹太教习俗,一切动物的生命都蕴含在自己的血液中,吸食献血就是吸食生命。若干年后,该隐发现自己似乎不会变老时才明白,原来上帝给他的记号就是成为肉身不死的孤独灵魂。这个传说被人们理解为:吸血鬼之所以不死,是上帝要永生的折磨他,让他自食其果。从此该隐必须靠吸食活人鲜血来获得永生,并且世世代代受到诅咒的折磨。

最后,该隐流浪到一个小城,因为该隐拥有不死之躯,就成为这里的统治者,而这个小城也被称为"第一城邦"。后来他选择了三个男孩以诺、希拉和爱兰德作为自己的继承人,并且将吸血鬼的血统传给了他们,这三个人后来又繁衍出13个拥有"最近乎神的力量"的后代,也就是第三代吸血鬼。

后来,一场洪水淹没了这个城邦,洪水过后该隐便离开了这个城市,接着第三代吸血鬼消灭了他们的长辈第二代吸血鬼,并且重新建造了一座新的"第二城市",而这13个第三代吸血鬼就演变成了现代吸血鬼的13氏族。传说中该隐的能力甚至可以与全能的上帝相匹敌,只要能够获

◎ 该隐杀亚伯

◎ 在不同的故事中，吸血鬼的诞生都是因为亵渎了神灵，受到上帝的惩罚所致

得该隐的恩赐，就能得到与前三代血族一般恐怖的力量。

关于该隐的后代有着许多不同版本的传说。在希伯来的版本中，该隐流浪到红海附近，遇到了跳入红海成为夜之魔女的莉莉丝，由于两个人都是上帝所弃的子女，于是莉莉丝接纳了该隐，该隐从莉莉丝那里学会了利用鲜血使用魔法和力量的方

法，再加上上帝给他的不死的誓约，就给了该隐成为吸血鬼的条件。成为吸血鬼之后的该隐和莉莉丝生下了13个孩子，全部都是邪恶嗜血的吸血鬼，后来便创造了吸血鬼的13氏族。

在这些不同的故事中，吸血鬼的诞生都是因为亵渎了神灵，受到上帝的惩罚所致，而吸血鬼非人非鬼的处境就像是在被上帝遗弃的世界里徘徊，他们既无法被上帝佑护，又无法逃脱上帝的控制。可以说，吸血鬼从一开始就和宗教有着直接的联系。

知识链接

古美索不达米亚传说中的女魔头拉玛什

在古美索不达米亚的亚述人和巴比伦人的传说中，最早的吸血鬼可以追溯到4000年前，当时的美索不达米亚人非常惧怕一个专以捕食人类为生的邪恶的女魔头拉玛什，她是天空之神安努的女儿，长有翅膀和利爪，她的头颅有时还会变成凶猛的狮子头。拉玛什经常会在夜里潜入人们的房间，偷取或杀死婴儿，即使是在母亲腹中的胎儿也不放过。人们将婴儿的猝死和孕妇的流产都归罪于邪恶的拉玛什。

除了婴儿以外，拉玛什也同样捕食成年人，吸取他们的血液，并且四处传播着梦魇、疾病和灾难。因此拉玛什的名字又被翻译成"捕食者"。为了避免受到拉玛什的伤害，很多怀孕的女人都会佩戴一种绘有帕祖祖形象的护身符，帕祖祖是曾经击败过拉玛什的另一位邪神，人们希望借助于帕祖祖的庇佑来寻求平安。

3 希腊神话中的吸血鬼

古希腊人在鲜血和冥界间有着神秘的关联。在古希腊史诗《奥德赛》第11卷里,希腊战士尤里西斯祭献绵羊的血来召唤英雄们的亡灵。而占卜者蒂雷西亚斯、他的母亲以及其他死者,在饮了祭献的血后都暂时恢复生气活力,与尤里西斯交谈起来。由此可见,在基督教盛行以前,把鲜血和冥界联系在一起的观念是颇受重视的。

在古希腊的神话中,有很多现代吸血鬼的雏形,其中最古老也最著名的是一位人头蛇身的女怪拉弥亚,它的名字来自于希腊语"άμιος",意思是"食道",象征着拉弥亚吞食儿童的贪欲形象。它的上半身为妖艳的女子,下半身却是蛇的形状,以猎杀小孩闻名。

传说中,拉弥亚是希腊神话中海神波塞冬与拉比(利比亚国的人格化象征)所生的女儿,也是利比亚国的皇后,她有着出众的美貌。后来,主神宙斯

◎ 拉弥亚

◎ 宙斯与赫拉

发现了拉弥亚的美色，主动与她结交，于是拉弥亚成为宙斯的情人之一。

这段关系很快便被宙斯的妻子赫拉发现，怒不可遏的赫拉把拉弥亚所生的孩子全都掳走加以杀害，又对伤心不已的拉弥亚施咒，将她变成半人半蛇的怪物。为了让拉弥亚无尽地受苦，赫拉还夺去了她的睡眠，让她夜以继日地饱受着咒语的折磨（还有一种说法是，赫拉施咒让拉弥亚永远都不能合上眼睛，所以她会不断地看到自己儿子被杀害的情景）。对于赫拉的咒语，就连宙斯也不敢过于拂逆，为了向拉弥亚作出补偿，宙斯赐予拉弥亚"能在短时间内取下自己眼睛"以及精于占卜的能力，在取下眼睛的时候，拉弥亚是可以睡眠的。但从此拉弥亚便活在了仇恨与哀痛之中。在赫拉咒语的影响下，拉弥亚每到伤心欲绝的时候都会忆子成狂，她由妒生恨，开始到处残杀别人的孩子、吸食婴儿的鲜血，让其他的母亲感受与她一

◎ 赫拉（中）

样的悲痛。

后世的艺术家们在拉弥亚的传说中又添上了很多骇人听闻的成分，这些传说大都记载于《苏达辞书》内。文艺复兴时期，被柏芬治收集于《寓言与成语大辞典》中。在这些文艺作品中，拉弥亚的形象以"嫉妒世间母亲及残食她们儿子"为主，而且大都被塑造成女性。不过在古希腊喜剧作家阿里斯托芬的作品中，却将拉弥亚赋予了男性的性征，将她列为雌雄同体的生物。

学者尼古拉斯则把拉弥亚与传说中的生物梦魔及史诗《贝奥武夫》中的戈兰德尔作比较。梦魔来自于中世纪的传说，有男女之分，其中女性梦魔一般为有翼有尾的妖艳女子，专在男子睡觉的时候降临并与之交媾，吸取男人的精气。男性梦魔则被称为"Incubus"，一般为美男子，专门吸取女人的精气，通常十天就可

◎《贝奥武夫》

◎ 戈兰德尔

以吸光一个女人的精气。

戈兰德尔是8世纪英国史诗《贝奥武夫》中记述的一只半人半怪兽，长达3000行的《贝奥武夫》讲述的是一位古代英雄贝奥武夫与魔怪戈兰德尔斗争的传奇故事。怪兽戈兰德尔专门以折磨人和杀人为乐趣，每晚都会袭击丹麦国王赫洛特戈尔的城堡，杀害并掳走醉卧酣睡的武士。由于它受到魔法的保护，刀枪不入，始终没有人能将它杀死。年轻的贵族贝奥武夫不畏险恶，与戈兰德尔进行了一场恶斗，最终以超人的臂力战胜了怪兽，并砍下它的一条胳膊作为胜利品挂在城墙上。戈兰德尔逃回洞穴后因伤势过重死去，它的母亲是一只巨大的水怪，为了报仇在夜间潜入城堡，取回儿子的胳膊，并且抓走了国王的亲信爱斯舍尔。贝奥武夫追踪到洞穴，用洞中的宝剑杀死了水怪，并且砍下戈兰德尔的头颅带回城堡。这段故事后来也成为电影《战狼》的主要情节。

在其他的一些记载中,拉弥亚还被描绘成一个貌美的"诱惑者",专门勾引和欺骗男性与她成婚,最后再将丈夫残忍地吞食。传说古马其顿国王德米特里一世就曾与拉弥亚所化身的妓女相交,因而恶名远播。

希腊的神话中,拉弥亚大多泛指半人半蛇的女妖,但在各种文献中,有关拉弥亚的身份还有着不同的定义,其中包括:与宙斯一起产下利比亚的女先知西彼拉、专门吸食孩童血液的女性怪物群、爱琴海莱斯勃斯岛上猎食儿童的年轻女幽灵的别名、保加利亚民间传话中的一种怪物等。

在西方社会,很多母亲都会以拉弥亚的传说来恫吓孩子,让他们听话。"拉弥亚"的故事经过这样的宣扬,渐渐成为一个广为人知的魔幻故事,并且成为具有教育意义的反面教材。

除了拉弥亚,希腊神话中的另一位女妖安普莎,也同样让希腊人惧怕万分。她是司夜和冥界女神赫卡蒂的侍女,被人称为吸血女怪。安普莎生性恶毒,有着人的面孔和驴的身体,

◎ 赫伯特·詹姆斯·德拉佩尔的绘画《拉弥亚》

并且生有一双铜脚，最爱在夜晚时分变身为妓女、母牛和美丽的少女模样，引诱人们靠近，然后吞食他们。也有传说她喜欢躲在三岔路口将人活活吓死再吸取他们的血液。在后世的一些著作当中，还有人将她与另一位著名的女吸血鬼莱门视为同一人。莱门在民间也常被大人们用来吓唬小孩。

此外，吸血鬼莫莫是存在于希腊神话中的生物，据说他原本是黑卡地女神的仆役，也有人说他是第底之神的仆人，因此形象有些混淆，大部分希腊传说中都将他视为可怕的吸血妖怪。

布　塔

关于布塔的传说都出现在印度地区，据说布塔是因为暴力致死的人所变成的吸血鬼，喜欢在阴暗或是偏僻的地方出现。布塔非常不容易杀害的，如果有人杀害了布塔，那他自己也会因为不知名的疾病而死亡。

4 欧洲吸血鬼的传说

近代几百年来流传最多的关于吸血鬼的传说，大多散布于欧洲各地，其中以东欧地区为主。这些吸血鬼各自有着不同的习性和特征，但总的来说分为两个大类。一种是可以操控尸体、穿行于人群中而不被发现的恶魔；另一种是不肯离开身体的魂魄，又称为死灵。

◎ 吸血鬼各自有着不同的习性和特征

其中，最为出名的俄罗斯吸血鬼 Upior（男性称作 Upier、女性称作 Upierzcya）源于东欧的斯拉夫国家，这个分布在俄罗斯、保加利亚、塞尔维亚和波兰等地的斯拉夫民族，有着世界上最丰富的吸血鬼神话。斯拉夫吸血鬼的神话来自于九世纪基督教与其他宗教的冲突，虽然最终基督教得胜了，但吸血鬼与许多其他宗教的信仰却在传说中继续发展下去。

此外，在俄罗斯地区，还有一位叫做爱瑞提卡的女吸血鬼，据说她生前是一位女巫，因为施行巫术而被惩

◎ 猫或者狗从死人身边过，死人都会变成吸血鬼

罚，游荡于人间。她通常只在秋天或是春天的时候出现，每当酷热或是酷寒的时候她都躲在墓地里安安稳稳地休息。

罗马尼亚一直被认为是吸血鬼迷信最复杂的地方。早在古时，罗马尼亚深山里的农民们就相信：吸血鬼的诞生与猫、狗、公鸡等动物有着直接的关联。猫是一种白天、黑夜都能活动的动物，当它从死人身上经过时，死人就会变成吸血鬼；而狗是与地狱有关的动物，从死人身边过，死人同样也会变成吸血鬼；而能够报晓的公鸡与太阳有关，它的啼鸣可以赶走吸血鬼，公鸡死后吸血鬼就可以为所欲为。

罗马尼亚的吸血鬼有着一大串不同的名称，包括：诺斯佛拉特、以斯特里戈伊、慕瑞尼、库科伊等，更有莫罗伊（会下冰雹的成年吸血鬼）、普罗科西里（与狼人最为相近的罗马尼亚吸血鬼）、维尔科拉克（活着的或像吸血鬼的鬼魂，会引起日蚀、月蚀）、萨姆卡（半熊半人、喝人血的老太婆）等类似吸血鬼的产物。

据说诺斯佛拉特因为生前不幸，变成了一种忌妒心很重的吸血鬼,最痛恨新婚夫妇。诺斯佛拉特非常害怕阳光,据说只要一点点的阳光都可以将他杀死,因此曾有被他追赶的少年将整个屋子都点上蜡烛,制造天亮的假象来欺骗躲在窗边的诺斯佛拉特,当他发现被骗之后,再回去找寻少年,却因为无法在天亮之前回到墓中,最后被阳光烧灼死亡。

斯特里戈伊的称号主要流传在罗马尼亚的摩尔达维亚、瓦拉几亚和特兰西瓦尼亚地区,它们被区分为死的和活的吸血鬼。死的斯特里戈伊通常为死人复活后变化的恶灵,它们被形容成是袭击家人的活跳尸。斯特里戈伊复活后要经历几个阶段:最初,它会以隐性鬼的形象骚扰生前的家庭,搬运家具或者盗取一些食物;一段时间之后,它们开始现出具象的形体,看起来就像是生前的样子,这时它们开始在生前的家里偷牲畜、求食物,并且带来疾病。斯特里戈伊以食人为生,捕猎目标首先是其家人,其后便是遇到的任何人。在另一些故事中,斯特里戈伊能够直接从受害者的心脏里吸取血液。

斯特里戈伊在最初也需要定期回墓穴休息,只要将它的尸体从坟墓里掘出来火葬或者用木桩钉住,就可以将它除掉,但如果七年后没有被除掉的话,它们就可以随意地迁徙了,通常它们会选择一些偏远的城镇,过着和普通人一样的生活。每周

◎ 吸血鬼

它们都会聚集起来，举行一次隐秘的聚会。

慕瑞尼可以算是罗马尼亚地区一种相当有趣的吸血鬼。当他们被人识破追杀时，可以变成各是各样的动物来逃避追杀，因此往往最后不知去向。此外，还有一种长毛短尾巴的吸血鬼，它们的尾巴遇到热气就会变粗，据说吸血鬼有了这根尾巴就会拥有超自然的能力。

与一些小说中的描写不同的是，据说罗马尼亚的吸血鬼不会咬他们的牺牲者的脖子，而是会咬他们的心脏位置或者眼睛之间，因此如果有人突然死亡也会被联想到和吸血鬼相关。在孩子死后3年，青年死后5年，成人死后7年，人们会打开他们的坟墓查看是否有吸血鬼的迹象。

17世纪到18世纪，有关吸血鬼的传说席卷整个东欧，不断有人宣称看到死去的亲属复活并且袭击家人。于是，当权者开始大量挖掘坟墓、焚烧尸体。之后，吸血鬼所带来的恐慌一直蔓延到了西欧，并且对当时的文化也产生了很大的影响，许多有关吸血鬼的著作纷纷出版上市。其中一位叫做布拉姆·斯托克的爱尔兰人创作了他的吸血鬼小说《德拉库拉》。而这位作者的居住地——罗马尼亚的特兰西瓦尼亚从此便被称为"吸血鬼之乡"。直到现在，关于吸血鬼的迷信

◎ 圣安德鲁节时的庆典

的语言和风俗仍然可以见到。传说在圣乔治节和圣安德鲁节这两个重大宗教节日之前，吸血鬼的活动是最活跃的。这期间，人们会把家里装点得分外明亮，然后在屋子里挂上驱邪用的荆棘、十字架和大蒜，来防止吸血鬼的到来。

在阿尔巴尼亚的民间传说里，有一种专门在夜晚靠吸食婴儿血为生的吸血鬼式的女巫 Shtriga，这个名称来源于罗马文字 Strix，也有说是罗马尼亚文 strig 或斯拉夫语 strzyga。有关她的传说要追溯到古罗马时间。他们以精神能量（即"生命能源"）为食。她们的猎物可以是任何人，不过她们更喜欢小孩，因为小孩有更强的精神能量。Shtriga 在吸食完血液后会变成一只飞虫，比如蛾子、苍蝇或者蜂类。被她吸食过的婴孩只有 Shtriga 的口水才能治愈，否则只能在病痛中等死。

要想避免接触到 shtriga，有几种有效的方法：如果在星期日教堂朝东的入口处挂上一个用猪骨制成的十字架，便可以将 Shtriga 永远地困在里面，当她们想要离开时，人们便可抓住并杀了她们；另外，当 Shtriga 吸食过血液后，就会躲进木头里进行反刍，如果在血液里浸上一枚银币，然后裹在衣服里，就可以成功的远离 shtriga。

在欧洲南部，意大利的中部地区，有一种关于死者灵魂回归的风俗说法，认为每年 11 月 1 日是死者回家的日子。根据传统，那天死者的灵魂会从墓穴中出来，由善良的灵魂带路。紧跟着的是恶灵、被害的牺牲者或是那些被定罪的人。这一天，人们会将蜡烛放在死去亲人的墓前，家家都点燃灯火，以使那些死去的灵魂能够回到自己的家中；同时还会在餐厅的桌上放一些面包、水以及一盏灯。而执行特定仪式的 ABRUZZI 会站在十字路口，注视那些灵魂。这种迷信与流传下来的古代罗马宗教元素有一定的关系。

意大利传说中最接近吸血鬼的实体是一种叫做 WITCH 的老巫婆，会用诅咒来袭击孩子，使他们死去。通过一种复杂的仪式可以杀死她，但最可靠的还是依靠教会的力量。此外，还有一种叫做斯特岗尼亚的吸血鬼，据说他是少数心地善良的吸血鬼，他会保护意大利人不受其他邪恶吸血鬼的迫害，他的外貌与凡人并无差别，因此有时候斯特岗尼亚会将自己装扮成普通人类，等待其他的吸血鬼以为逮到猎物的时候，将他们杀害。

位于欧洲中部的德国，盛行着吸血鬼爱普（Alp）、多皮沙杰、尼塔特的传说。爱普原本是一名邪恶的巫师，专门在夜间作乱，在死后变成吸血鬼，他时常出现在女子的梦中，诱惑纯洁女子出轨，因此他本身又代表着梦魇。通常爱普都被视为是男性，且是非常危险的恶魔。爱普通常以猫、狗、鸟或是其他动物的姿态出现，混入村落里面，吸食村民的血液。因此没有任何人见过爱普吸血鬼的本来面貌。也有人认为爱普代表的是人心中的恐惧，因此没有实际的形体，也没有办法消灭。

多皮沙杰由未受洗的婴孩死后所变成，他经常以墓园里腐败的尸体为食，除非已经没有任何东西可以吃，他才会离开墓园到外面去吸食人的血液。为了防止未受洗的婴儿变成多皮沙杰，人们在婴儿死后尚未入土之前，在他的嘴里面放一枚金币，以此来阻止孩子变成吸血鬼。

吸血鬼尼塔特传说是黑死病的传播

◎ 善良的吸血鬼会将自己装扮成普通人来保护凡人

◎ 吸血鬼可以用意念杀人

者，只要他们经过的村庄，村里的人都会因为得黑死病而死亡。因此许多学者猜测尼塔特不过是黑死病的象征而已，可能并不存在这样的吸血鬼。

在欧洲的岛国英国，有关吸血鬼的传说并不太兴盛，不过在苏格兰地区，吸血鬼巴韩可以算是一个比较特别的传说。据说巴韩是个美丽的女吸血鬼，她喜欢诱惑年轻男子，再吸食

他们的血液将他们杀害，巴韩唯一的特征就是喜欢穿绿色的衣服，除此之外，很难分辨出她来。

在欧洲北部，出没着一种叫做奇兹赫吸血鬼，专门杀害自己的亲人，而且从来不需要出手，只要用意念就可以杀人。这种吸血鬼相当骇人，他在墓地里面刚刚苏醒的时候，就开始先吞食自己的血肉，因此当他从坟墓中爬出来的时候，相貌实在是不大美观。

此外，欧洲不同的国家还存在一些变种吸血鬼，它们被埋进坟墓后，几个星期身体也不会变硬和腐烂，而毛发却生长异常，乱蓬蓬的眉毛连成一片，连手掌也长出毛来。

知识链接

Upior

Upior 主要分布于波兰，这种吸血鬼与临近地区其他同类的区别在于：它有着可以大量吸食血液的倒钩状的舌头，以及充分的睡眠时间。Upior 通常大半夜都在睡觉，只在正午时分和半夜间起身，它对于血有着惊人的、无止尽的渴求，不管吸入多少鲜血都不会感到满足，甚至喜欢躺在血泊中睡去。除此之外，Upior 对那些在葬礼时用过的裹尸布也有着强烈的兴趣。为了辟邪，波兰人会在死去的人身上放置一些珠宝使尸体不至于变为可怕。他们将死者面部朝下，并且在他的腋下、胸部、颚下放置柳木十字架，然后将尸体深埋于地底。为了进一步保护尸体，死者的亲属会食用一种用吸血鬼的血和面粉混合制成的烤面包，让他们对吸血鬼的任何攻击产生免疫力。

5 其他国家吸血鬼的传说

除了欧洲之外,在非洲、美洲和亚洲等地区的其他国家都有着不少关于吸血鬼的传说,由于地域不同,吸血鬼的形象也各有差别。

在古埃及的神话传说中,母狮女神塞克荷迈特被认为具有嗜血、死亡和吸血鬼的特征,她是由埃及太阳神拉(Ra)创造出来的。当拉神发现有人要推翻他的统治时,为了惩罚人们所犯的罪,便用自己眼里的火焰创造了嗜血无度的塞克荷迈特,塞克荷迈特所到之处便血流成河。人们经常会将她与战争女神巴斯特联系起来,并且称她们为"屠宰圣母"、"恐惧夫人"或"猩红女士",因为她们两个都具有彪悍的形象,并且都有着嗜血的天性。塞克荷迈特通常身着红衣,红色代表着血液,也使她更具有女性神灵的特征。

后来拉神命令塞克荷迈特摧毁整个国家,却遭到了拒绝,因为她需要喝更

◎ 塞克荷迈特:母狮女神

◎ 据说，吸血鬼阿得兹很爱喝椰子水

多的血，而无暇顾及拉神的指示。拉神担心出现更坏的结果，于是把尼罗河变红，骗塞克荷迈特说河里都是血，当塞克荷迈特去尼罗河边喝水时，拉神又将河水变成了啤酒，塞克荷迈特因此醉倒了，等她醒来时已经忘了自己来这里的原因。最后拉神将她变成了一个善良的神，取名为哈托尔。关于这个传说也着有不同的版本：一种说法是塞克荷迈特为了把世界从水灾中拯救出来而去喝尼罗河的水；另一个版本是人类用啤酒和石榴花将尼罗河变红，为了阻止塞克荷迈特的嗜血。

在非洲地区，最有代表性的吸血鬼形象有亚斯安伯沙、阿得兹。亚斯安伯沙通常出现在非洲象牙海岸附近，据说他住在森林的深处，以进入森林打猎的猎人为食。亚斯安伯沙的外貌跟人类非常的类似，不过他的牙齿是用铁打造的，因此尖锐无比。在他的腿部还有一个钩子，专门用来钩取猎物。他的捕食方式就是躲在树上等待经过的路人，然后用腿上的钩子将他们钩走，吸食血液维生。

阿得兹通常在非洲的加纳（Ghana）南方与多哥（Togo）地区

出现,据说他们很爱喝血与椰子水,小孩子是他们最爱的猎物,尤其是漂亮的孩子,通常都逃不过阿得兹的毒手。他们会飞,有时会转变成萤火虫的样子四处飞翔,一旦被抓到,他们就会立即变回原形。

此外,在非洲的黄金海岸与马达加斯加岛上,还流传着有关吸血鬼欧贝佛与诺南加的传说。据说欧贝佛的样子与人类相差无几,很难分辨出真假,特别爱吸食年轻人的血液。而诺南加原是马达加斯加岛当地原住民的奴仆,后来他们将原住民们全部杀光了变成了吸血鬼。

在南美的玛雅文化中,有一种叫做坎马卓兹的蝙蝠神,它有着人的身形、蝙蝠的头,是杀人饮血的恶神。Camazotz 这个词也被翻译成"死亡蝙蝠,根据文献记载,它可能是从早期拉丁裔国家或者是从中美及南美的一种巨型吸血蝙蝠衍生而来。直到现在,拉丁裔国家始终有人相信 Camazotz 的存在,不少的文化相信有"蝙蝠般的恶魔"或"有翅膀的怪物"。比如墨西哥一些城市俗称的"脖子切手,特立尼达岛的 soucouyant 和厄瓜多尔的 tin tin,都是类似的传说。

真正的吸血蝙蝠

在许多小说和电影中,吸血鬼可以变成吸血蝙蝠———种真正以吸血为生的动物。但实际上,吸血蝙蝠并不会杀掉它们的猎物,而且,它们对人类威胁很小。它们是一种体型小巧、性情温顺的隐居动物。吸血的变形怪兽传说可以追溯到几千年前,但是跟吸血蝙蝠的联系却相对较短。

这种蝙蝠只生存在中美洲和南美洲,把这两者联想在一起的欧洲人和亚洲人并不了解这种生物。当欧洲殖民者第一次发现这种奇怪的动物时,很快便把它和吸血鬼神话揉合了起来。

◎ 吸血蝙蝠

在南美洲东南部的巴西，也有属于自己的吸血鬼形象：杰拉卡卡与洛比苏曼。杰拉卡卡是一种奇怪的吸血鬼，他经常会变成蛇的样子，溜到凡人家中，用他的尾巴喂食婴儿，据说这样婴儿就会也变成杰拉卡卡吸血鬼。洛比苏曼则通常捕食女人，但从不杀害男人，他会在受害人身上钻出小小的孔洞，以方便吸食血液。

在亚、非、欧交界的中东沙漠地带，传说中活跃着一种半生不死的族群：Ghoul（食尸鬼）。Ghoul 一字源于阿拉伯，在阿拉伯文中是"恶魔"的意思，（女性字形是 Ghouleh，复数则是 Ghilan，）在日常生活中也被用来形容贪心的人。他们是夜晚最可怕的一群，据说天地初开时，恶魔们飞去星星的世界打算偷听天使们的会议，结果被天使们发现，用乱箭击落，掉进水里的就化身为鳄鱼，而掉进土里的就成了食尸鬼。

食尸鬼一般都居住在坟场或是无人居住的荒芜之地，他们有着长满皱纹的身体、锐利的尖牙和驴蹄、嗅觉敏锐，喜欢以玩物的方式狩猎沙漠中的人，也喜欢挖开坟墓贪食死去的尸体。食尸鬼分雌雄，也有生育能力，雄的单独

◎ 食尸鬼是夜晚最可怕的一群

行事，雌的带着小鬼觅食。他们会像变色龙般变色，也会变身成沙漠生物，但最大的破绽就是始终都会保留着驴蹄。食尸鬼不止凶残还懂得诱敌，他们会生起火堆引诱旅行中的人靠近，还会模仿人的声音。母亲们常以食尸鬼来吓唬淘气的小孩。对付食尸鬼的方法除了诵经之外，就是随身携带着铁器。

在亚洲地区，吉普赛人的老家印度，有着极为丰富的吸血鬼的传说。其中最著名的要属吸血鬼迦梨与罗刹鬼。其中，迦梨是印度神话中最为黑暗和暴虐的黑色地母，她皮肤黝黑、青面獠牙、额头上生有第三只眼睛。四只手臂分持武器，戴着蛇和骷髅的项链，舌头上滴着血。有关她的传说总是与杀戮和鲜血有关，迦梨最大的一次功绩是杀死魔鬼

◎ 食尸鬼有着长满皱纹的身体、锐利的尖牙和驴蹄，嗅觉敏锐

◎ 迦梨

拉克塔维拉。由于拉克塔维拉可以通过滴下的每一滴血来自我重生，被视为无法消灭的对手，迦梨与他作战到后来，将所有分身的魔鬼都逐一抓住，刺穿肚腹后喝干喷出的血，使得拉克塔维拉无法再生而消灭了他。

罗刹，在古印度语中译作"罗刹婆"、"罗叉婆"，意为"暴恶"、"可畏"。据云：男罗刹身黑发红而眼睛青绿，状极丑陋，女罗刹长得美丽无比，但男女罗刹皆是吸血鬼，足以危害众生之命。在许多佛经中记载中，女罗刹都穿着华丽的衣裳、戴着花冠头饰、打扮得花枝招展、珠光宝气，以妖媚迷惑善男信女陷入血流遍地、身首异处的灾难深渊，同时捕食儿童。

除了迦梨与罗刹鬼，还有一些来自民间的吸血鬼，如拉卡斯哈砂、格耶尔、邱瑞尔与克得瓦等。其中，拉卡斯哈砂是印度当地颇具破坏力的吸血鬼，据说他拥有无尽的力量，如果他愿意的话，可于一夜将一个城镇毁掉，因此当地印度人又称他为破坏者。据说他最爱的东西就是孩子的脑袋，其次才是血液。通常他躲在森林中，经过森林又没有防范的人时常变成他的猎物。

格耶尔之所以成为吸血鬼的原因是，在他举行葬礼的时候没有人到场观礼，格耶尔因此心有不甘，灵魂游荡于人间不愿离去就变成了吸血鬼。

之后他杀死了自己的家人与儿子以报复他们。这类的吸血鬼传说与其说是恐怖的传说倒不如说是具有警世作用的故事，千万不要不去参加亲人的葬礼，否则将会遭到报复。

邱瑞尔是在印度排灯节死去的女子，通常都已经怀孕，因为怀有很深的怨恨，死后灵魂便留在了人间。她们是印度众多吸血鬼中相貌最恐怖的一种，有着一头乱发、黑色的舌头与丑陋的外貌。据说克得瓦是一个邪恶的女巫，她会将自己变成一只吸血的巨猫出外猎食，据说克得瓦变成的巨猫拥有可怕的力量，只要她舔过人类的嘴唇，人会立即死亡。

在位于亚洲东部的菲律宾，有一则非常著名的吸血鬼丹拿的传说：丹拿是一种古老的族群，原本是人类的朋友，与人类拥有良好的关系，并与人类一起工作。直到有一天，一名妇女在与丹拿一起工作时不小心将手指头切下，当场

◎ 罗刹鬼

◎ 吸血鬼在白天会装扮成漂亮的女子，到了晚上则会现出原形变成可怕的恶魔

血流如注，丹拿无意间尝到了妇人的血，立即爱上了血的味道，于是将妇人全身的血都吸干了，因此变成了吸血一族，与人类的关系也从此分裂。

此外，出没于菲律宾地区的还有吸血鬼亚斯文、贝巴兰。亚斯文通常很善于伪装，很难有人可以识破他们的真面目。他们在白天装扮成漂亮的女子，到了晚上则会现出原形，变成可怕的恶魔，跟随着夜莺到有人居住的区域觅食。他们不但会飞，也很凶猛，当他舔过一个人的倒影之后，那个人就必死无疑。亚斯文的主食就是人类的血液，并且偏爱孩童的血液。如果他们前一天晚上曾经吸食过血液，到了白天时肚子就会隆起，如同怀孕一般，这也是识破他们唯一的方法。

据说贝巴兰原本是人类，不知被施行了什么样的巫术，可以做到灵魂出窍，因此贝巴兰时常将身体留在家中，灵魂变成吸血鬼出外觅食。杀掉他们的方法就是，把他们的身体毁掉，这样他们的灵魂就会烟消云散。

第二章
吸血鬼的历史与传说

在马来西亚的故事中，活跃着巴砧、潘那贾拉、乐西、兰肃等一系列的吸血鬼。巴砧是一种非常奇怪的吸血鬼，他有一些奇怪的特性，喜欢在同一个家族之间作乱，然后留下部分的人继续繁衍生子，并继续残杀他们剩下来的家人。马来西亚当地人猜测巴砧应该是男性的吸血鬼，但无法证实。他喜欢以猫的模样出现，最爱的食物就是小孩子的血。据说巴砧是由难产的婴儿所变化而成，有些类似婴灵，但部分关于他的传说却将他分类为吸血鬼。他由邪恶的女巫或巫师豢养，他们会用鸡蛋喂食他，但是如果食物不够的话他就会直接把主人杀死。

潘那贾拉通常为女性。据说这种吸血鬼不但可以飞，也能将身体与头颅分开，因此时常有传说中描述潘那贾拉让头出去觅食，让身体留在森林里面等待。她们大多喜欢吸食男童或是妇女的血液，对于男性通常是碰都不碰。而吸血鬼派乐西可以变成空气侵入他人的身体，很难被人消灭。通常被害人的亲人都以为被害者中邪，却不知道他已经被吸血鬼附身了。

兰肃变成吸血鬼的原因据说是因为难产，她时常变化成漂亮的女子，出外诱惑男人再杀死他们，她有着长长的指甲与一头到膝盖的长发，最爱的食物就是婴儿。

在古老的中国，也有一些尸体从坟墓

◎ 僵尸

中爬出来四处走动成为尸鬼的传说。这通常是因为他们生前行为不端，所以死后魂魄无法投胎转世。由于怨气很重，魂魄会在夜晚催动尸身袭击活人。这些鬼中最邪恶的就是僵尸，僵尸其实与吸血鬼有许多不同的地方，但由于他们的习性与吸血鬼类似，有时也会被列为吸血鬼的成员之一，在西方被称作""中国吸血鬼"，据说当僵尸吸食够多的人血之后，就有了飞行的能力。

传说中僵尸的分类

传说中僵尸根据级别不同可分为六类：

第一种是"白僵"，尸体入养尸地后，一月后浑身开始长茸茸白毛，"白僵"行动迟缓，它极怕阳光，也怕火怕水怕鸡怕狗更怕人，很容易对付；

第二种是"黑僵"，在饱食牛羊精血后数年，"白僵"就会脱去白毛，生出几寸长的黑毛，"黑僵"行动也缓慢，同样怕阳光和烈火，也不敢直接与人厮打，但不再怕鸡狗，一般来说黑僵见人会回避，直往往在人睡梦中才吸食人血（黑僵与白僵合称为"黑白僵煞"）；

第三种为"跳尸"，黑僵再纳阴吸血几十年后，脱掉黑毛，行动开始以跳为主，跳步较快且远，怕阳光，但不再怕人也不怕任何家畜；

第四种为"飞尸"，往往是百年以上甚至几百年的僵尸，由跳尸演变而来，它的行动敏捷、纵跳如飞，吸食精魄而不留外伤；

第五种僵尸名为"魃"，又称"旱魃"、"火魃"、"干魃"，此时已近乎于魔，相貌狰狞，可谓青面獠牙的啖人罗刹，还能变幻身形相貌迷惑众人，上能屠龙旱天、下能引渡瘟神。

第六种僵尸应该说已不再是"尸"，而是魔王，拥有着与神叫阵的恐怖力量，数千年甚至万年的道行，相传华夏大地只出现过一个这样的魔王，千年前被地藏王菩萨收服为坐骑，赐名为"犼"。

第三章

吸血鬼的世界

通过血族的社会根源、组织结构、行为模式和心路历程,更能深刻了解血族最本质、丰富的内容。

1 吸血鬼族群

在民间传说和文学作品中，吸血鬼有着属于自己的组织结构、辈分阶级、行为戒律和心路历程。通过这些传说和文学艺术加工，可以对吸血鬼的世界有更深入的了解。这个神奇的世界在人类正史文献中难觅记载，可能更多地存在于人们的想象之中吧。

传说中的第一代吸血鬼该隐因为孤独创造了第二代吸血鬼，此后第二代吸血鬼又繁衍出13个后代，被称为第三代吸血鬼，他们建立了13个不同的吸血鬼氏族，并且背叛了他们的父母——第二代吸血鬼。第三代吸血鬼的年龄几乎与人类的历史同样长久，而他们的能力也随着年龄的增加而不断增长。

据传说，在中世纪之前，吸血鬼的族人因为拥有特殊的能力和不死之身，谁都可以成为一方霸主，因此经常会互相争夺权利，终于爆发了激烈的内战。战争中人类成为最大的牺牲品，他们大量被强行转化为吸血鬼家族成员

大战之后，吸血鬼家族残存的吸血鬼已接近濒临绝境的地步。为了应对恶劣的局势，更为了挽救整个家族，吸血鬼的长老们不得不集

◎ 吸血鬼族群

合了十三个氏族,召开了紧急会议,会上提出了共同结盟的主张。于是产生了三个大的盟派:卡玛利拉密党盟派、魔党同盟与中立党。

传说中,卡玛利拉密党盟派由七个吸血鬼氏族组成:布鲁赫族、冈格罗族、末卡维族、诺费勒族、妥芮朵族、睿魔尔族和梵卓族,这个盟派也是血族中较大的盟派。密党同盟在创立之时还立下了六道严格的戒律传统,要求盟派中的后世血族永远遵行。

在密党同盟中,最适合战斗的氏族为布鲁赫族,因为布鲁赫族成员的体格基础是所有血族中最好的,他们是优秀的学者、战士,致力于追求心灵、身体的完美。不过他们的信仰观念在血族中也是最复杂的。表面上看,布鲁赫族就像一群乌合之众,松散、无纪律而又好战。大多数人认为他们是因为对权威的蔑视才走到一起的,还有个笑话说他们之所以留在密党的唯一原因是因为没有人能完全代表他们去填写退党协议,但这些说法并不完全正确。事实上,布鲁赫族的不统一主要是在于他们内部有很多的成员都是"无政府主义者",几乎每天晚上都有成员背离密党的事情发生,这在其他任何氏族中都是少有的。而那些留在密党中的成员对长老和亲王来说也是些麻烦的家伙。尽管如此,布鲁赫族成员还是被公认为是密党同盟中最重要的武士,因为在面对面的战斗中,没有哪种吸血鬼比他们更加勇猛和可怕。

在布鲁赫族内部,还分成了Iconoclast、Idealist和Individualists三个不同的派系。其中Iconoclast派系不尊重任何机构或是权威,对所有的一切都加以抨击,虽然他们遵守密党订立的戒律,但那不过仅

◎ 血族

仅是出于保护自己的目的；在 Idealist 派系中，主要是一些年长的成员和几乎所有的长老，他们从过去的历史中汲取智慧和指导，相信布鲁赫族应该团结一致，建立一个新的城市；而 Individualists 派系是前面两个派系之间的折中派，他们同样是为了氏族的未来而共同努力，但并不像 Idealist 那样要求别人服从他们的指挥。

在所有血族中，最接近自然内心的氏族是冈格罗族。他们的成员都是一些漂泊不定的独行者们，和其他的氏族成员不同，他们的组织松散，对人类与吸血鬼的礼仪不屑一顾，也不习惯社会的束缚；他们拒绝文明的诱惑、讨厌城市的人群与拘束，喜欢孤独、流浪的野外生活。

冈格罗族和布鲁赫族的成员一样，通常都是强大的战士。不过不同的是，冈格罗族作战时的勇猛并非来源于无法无天的狂暴而是来自他们的兽性本能，他们渴望理解自己灵魂中的兽性，与其应付人类或吸血鬼，他们更愿意与野生动物为伍，因此他们常常会在夜间与其他的动物进行交流。当他们的兽性爆发失控时，身体会不可逆转的显露出一部分动物的特征：有时他们的眼睛会变得像猫眼，或者脚可能会变成动物的利爪，甚至还有可能长出尾巴来。因此很多年长的冈格罗族成员看起来更像某种动物而不像人类,在一些比较年轻的成员身上,他们的意识也会有动物化的倾向。

总之,用两个字概括他们的特点就是:野兽。像兽类一样的孤独、冷漠、凶残而又悄无声息。但他们的下场通常极为悲惨,因为狼人对他们的荒野生存是一个很大的威胁。不知道他们如何在野外避开狼人的进攻,也许他们有着改变自己的外形来欺骗别人的能力。

在整个血族中,最混乱的一个氏族也许就是末卡维族了,这个种族似乎集合了上帝数千年的诅咒于一身。传说他们的建立者是古代吸血鬼里的重要人物,但因为犯下了难以原谅的罪行,受到了该隐的诅咒,他们被诅咒的血液污染了神志,同时受制于月亮的盈亏,因此后代都有精神上的缺陷,同时也备受世人的仇恨以及杀戮,但也许正因为如此而练就了极强的观察力。这个世界上几乎没有什么事情能逃出他们的眼睛。

◎ 狼人对吸血鬼的生存是一个很大的威胁

末卡维族的族人通常被认为非常危险,他们有时优雅精明,有时又会陷入严重的精神错乱中。他们常被突如其来的欲望和莫名其妙的幻觉所支配,有时甚至会把刀锋对准别的血族。由于他们的疯狂使他们失去了对疼痛和死亡的恐惧,所以要制服他们也非常困难。除了为人熟知的疯狂外,他们的成员之间几乎没有共同的特征。在血族历史中，他们被整个社会排斥，几乎所有的吸血鬼都非常害怕末卡维族成员，并且对他们古怪的行为敬而远之，但即便如此，其他吸血鬼却不得不求助于他们对事物的透彻眼光和过人的智慧。

诺费勒族背负着古老的形体的诅咒，成为吸血鬼的过程会使他们失去美貌。诺费勒族成员会一天天变得丑陋，成为不折不扣的怪物。大多数的吸血鬼都很排斥和蔑视他们，认为他们令人生厌，很少与他们来往。丑陋狰狞的外貌使得诺费勒族成员必须远离人类，栖身于地下墓穴、下水道和其他中世纪世界的隐秘之处，不能像其他吸血鬼那样藏身于人类社会之中。即使在地面行动时，也总要尽量避免被人发现。因此，他们比任何别的生物都了解城市中暗巷和角落，这也迫使他们练就了隐藏的神秘能力，就算在缺乏掩蔽物的地方，也毫无影响。

诺费勒族成员拥有非常厉害的活动能力，再加上他们高超的潜行和偷听技术，城市里没有任何风吹草动能逃过他们的耳目，于是他们便成为绝佳的消息来源与情报收集者。

因为共同的残疾而受到人类与血族社会的遗弃，诺费勒族的成员之间非常团结、上进、谦虚谨慎，不会有在其他氏族中随处可见的争斗。由于他们的团结一致，如果得罪了其中的一个成员也就等于得罪了全部的诺费勒族成员，将会是一件非常可怕的事。

妥芮朵族从很久以前就是各种美的爱好者。他们有着很多的别名，包括"堕落者"、"艺术家"、

◎ 疯狂的吸血鬼有时候甚至会把刀锋对准别的血族

"装腔作势者"、甚至"享乐主义者"。但这些说法对于这个氏族的整体来说都是一种片面的歪曲。事实上，妥芮朵族成员涵盖了雅致与华丽、才华横溢与愚蠢可笑、富于幻想与闲游浪荡之间的种种特征，而这个氏族唯一的整体特征就是：所有的成员都有着追求美好事务的热情。美对于妥芮朵族意义非凡，因此，他们把所有的精力都用于去感觉美，并且让自己沉浸在美的世界里。他们自认是美的守护者，也是灵感之火的传承者。在所有吸血鬼中，妥芮朵族最羡慕人类的成就。他们或多或少都有些放纵，但他们说这都是为了启发艺术的缘故，事实也确实如此，在妥芮朵族成员中，有许多生前就是才华洋溢的画家、音乐家、诗人。在他们看来，应该好好享受永恒的生命，因此，他们无论做什么事都充满了激情，而更多成员则把数个世纪的时间用在对艺术创作的各种尝试上。

妥芮朵族的族人都非常高贵和优雅，而且有着令人心动的面孔、诙谐的言语和优雅的举止，他们喜欢混迹于上层社会之中，不过这并不是因为他们喜欢那些枯燥无味的

◎ 吸血鬼也会有令人心动的面孔

应酬，而仅仅只是为了被注目和赞美。他们的食物来源也都是王公贵族的子嗣，并且大多为英俊的公子或美丽的小姐。

　　睿魔尔族成立于黑暗时代的早期，是血族中历史最短的一个氏族。他们原本是一群人类的巫师，狂热地渴望得到永恒的生命，让自己的施法技巧臻于完美。后来不知受到什么力量的帮助，通过炼金术、魔法和一位棘秘魑族长老的血，得到了吸血的能力，并且掌握了一种新形式的魔法——Thaumaturgy。这种魔法是也是借助血的力量完成的。睿魔尔族总是笼罩着一层神秘的面纱，他们行事诡秘、严守戒律、拥有严密的组织，也很少惹事，是一群不大爱吸血的吸血鬼。

　　严格地说，睿魔尔族不算正统的吸血鬼，所以其他种族都不愿意承认他们合法的吸血鬼身份，认为他们只是一群在永生研究中诅咒自己不死的人类魔法师。虽然如此，睿魔尔

◎ 睿魔尔族不算正统的吸血鬼

族却凭借着自己强大的魔法证明了自己是强大的盟友（当然，从另一方面来说也可能是危险的敌人），并且通过抵挡人类挑起的"超自然生物歼灭战争"中所作的贡献，在血族中占据了重要的位置。

密党的领导者是文雅、贵族化的梵卓族，他们是征服、战争与十字军的化身，由一个战场步入下一个战场，从一个王座迈向下一个王座，如同西洋棋里的骑士与国王主宰着王宫与爵邸。梵卓族成员当中，有一些生前是致死方休的征服者、有些则是成功的商人或放贷者。在梵卓族中没有失败，只有成功和失败后的死亡。梵卓族身位密党同盟的领袖，也是同盟的创造与支持者，他们积极地介入圣战，对血族的行为发挥了巨大的影响力。他们维护着密党的基础，在密党最危险的时候指挥成员们渡过难关。

梵卓族是吸血鬼中的贵族（蓝血贵族），从古至今，大部分城市的亲王都是由梵卓族的成员来担任的。在古代，新的梵卓族成员要在贵族、富商或者其他上流社会成员中挑选。但不管他们生前是什么身份，所有的成员都负责贯彻监督古代戒律的实行，并且决定着密党的方向，同时，他们希望通过实行戒律与潜藏来为自己赎罪。如果有人询问一个梵卓族的成员他们氏族所起的所用时，他会回答说潜藏戒律全靠他们来维持执行，如果没有他们潜藏戒律就不会被执行，如果潜藏戒律不被执行那么血族将不复存在。梵卓族族成员从来只吸取某些他认为"高贵"的人的鲜血，比如：处女、金发男子、新生的健康婴儿、虔诚的牧师……

卡玛利拉密党同盟的政治运作主要由梵卓族对各氏族之间进行整合，七个氏族的长老会定期召开高层会议，在会议中选出各氏族的大法官。大法官可说是密党同盟中最高权威的代表，他们负责裁断并且惩处所有危及密党生存的行为，原则上他们是整个卡玛利拉的统治者（不过，他们管不到参与高层会议的长老们），他们大多数都是由一些辈分较高者担任。大法官有时并不自己裁断事务，而会邀请地方重要的血族人士召开秘密会议，以投票的方式来进行裁决。同时，大法官们通常都有自己的眼线和密探。与人类的政治运作一样，密党政治的运作过程充满了上层之间的政治斗争和阴谋，而年轻的血族则在其中多半扮演一些小卒的角色。

除了密党之外，吸血鬼的另一大党派为魔党同盟，由勒森魅族、棘秘魈族两个氏族结盟组成。魔党同盟是密党的宿敌，他们既不愿意承认也不会遵守密党的六戒，他们的戒律只有一条，那就是没有戒律，因此他们远比密党更为恐怖。他们以恐惧、武力、威胁和血作为统治方式和手段。传说魔党会将新加入的吸血鬼成员活埋，先让他们产生恐惧，然后再用仪式和血系加以束缚和控制。在魔党眼中，人类是最低等的动物，可以随意驱使和残杀，因此也被密党成员称呼为"黑暗之手"。而有关魔党和密党之间的冲突和战斗也一直都在持续。

在魔党同盟中，勒森魅族是天生

◎ 勒森魅族，它是天生的领导者

第三章 吸血鬼的世界

的领导者,在密党原来的布鲁赫族领导人背叛无政府主义者之后,勒森魃族开始领导魔党,几乎所有魔党的摄政者都出自勒森魃族。他们指导(有时是鞭打)着魔党,使之成为一个不会缓和的力量。他们相信自己比别的同类都要强得多。在他们的身上,优雅与残忍并存、高贵与颓废同在,可以说,他们是优雅的堕落者。

勒森魃族笃信权力神授与优胜劣败的法则,但大部分都倾向于扮演幕后的黑手,而不愿自己走到幕前。从修道院大厅到王宫里的走廊,勒森魃族会主动寻求一切可以得到的权力,但当头衔与荣耀随之而来时,他们却又会表现得不屑一顾。勒森魃族成员大都参加了某个系群,借此来提升自己的

◎ 勒森魃族

力量,同时,他们认为自己拥有对于初拥、谋杀以及兽性爆发的权力及权威,因此很轻视那些没有力量的吸血鬼。勒森魅族并不蔑视和抵制一切人类,不过他们觉得由自己来控制人类会比较有趣。

许多血族认为勒森魅族与梵卓族互为对方的扭曲镜像。虽然同为领导者,勒森魅族拥有一切,却放弃了原有的地位。血族的混乱历史与魔党同盟的成立让大多数族人不愿提起氏族的起源。现在,勒森魅族已经把自己完全交给了身为吸血鬼、被诅咒的命运。

如果说勒森魅族是魔党的心脏,那么另一个氏族棘秘魑族就是魔党的灵魂。他们曾经是所有氏族中最强大的,他们的踪迹甚

◎ 棘秘魑族可以塑造自己惊人的美貌

至越过了中欧主要航运水道易北河。沿着奥德河与多瑙河，穿过普利佩特沼泽，冷酷的棘秘魑族住在欧洲中部的喀尔巴阡山的陡峭崖壁里，对入侵者毫不留情。

几千年来，棘秘魑族在无数的战斗之后变得极端残暴，即使在吸血鬼中，棘秘魑族的残暴也是恶名昭彰。但是在与睿魔尔族的斗争和无政府革命中，他们受到了重创。革命过后，棘秘魑族离开故土，与勒森魃族一道成立了魔党同盟。他们引导同盟排斥所有的人性。

棘秘魑族拥有重塑血肉的异能，可以通过毁损对手躯体，来塑造自己惊人的美貌。这使得他们周围的血族总是感到心神不定，并且给他们起了一个外号叫做"魔王"。但事实上棘秘魑族是所有血族中最具学者气质的，其中的成员大都受过高等教育。他们对于知识有着极强的渴望，年长的成员可能是世界上知识水平最高的生物之一。他们对于魔法就像对于科学一样的精通（但他们的水平比不上睿魔尔族）。棘秘魑族为了了解吸血鬼的本质，尝试过无数的可怕试验，试验的对象包括人和其他吸血鬼。

除了密党和魔党之外，有四个家族既没有加入密党，也没有加入魔党，而是组成了中立的党派：乔凡尼族、雷伏诺族、阿萨迈族与希太族。

◎ 游戏里的死灵法师

他们的哲学观是保持中立,既不认同密党的戒律,也不赞同魔党的暴力行径,在血族之间的争斗中保持中立或见机行事。

乔凡尼族与其他氏族相比贬多于褒,他们的族人大多是一些企业家或死灵法师,凭借玩弄世俗凡人的商品与经济,获得了巨大的权力和财富。成为吸血鬼后不久,乔凡尼族的领导人便谋杀了主人,依照自己的意思建立这一氏族。

漂泊的雷伏诺族最早来自于印度,是古印度孔雀帝国时代吉普赛·罗玛的后代,以操弄惊人幻象

◎ 在所有血族中,阿萨迈族的名声最为狼藉

的能力闻名。他们是血族人口最多的一个种族,就像风中的稻草一样散布在整个世界。但他们又像流浪者和强盗一样行踪飘忽不定、随兴而至,他们喜欢独处,宁愿以痕迹和记号与同伴联络。雷伏诺族基本由奴隶组成,而这些奴隶在自由之后做了乞丐、流浪者、叙述者、旅行诗人、盗贼、传奥义者等。这些职业的人都遍布世界各地。也有少数做了圣职者、武士、传法者、各种教徒和学者,留在吉普赛·罗玛的身边。

雷伏诺族派系主要分"幻"和"舞"两派,幻派因为有惊人的幻术能力而闻名于世;舞派的能力则是医疗、舞蹈,更加亲近于自然;两派之间的关系十分密切。对于许多想要迫害他们的吸血鬼,雷伏诺族常常报以轻蔑的态度,这就使得双方的关系更加水火不容了。

阿萨迈族来自中东荒漠,是血族中的杀手。有传言说,某些发起东征的君主(如亚历山大大帝)就是畏惧阿萨迈族的其他血族的爪牙。

在所有血中,阿萨迈族最为声名狼藉。他们能够通过邪术增加自己的能力,并且受雇于一些给他们酬劳的雇主,而酬劳通常就是雇主的血液。在接受雇佣之后,他们就开始追踪目标,直到把目标杀死。同时,他们也为其他血族提供暗杀服务,充当职业杀手。如果有雇主欺骗了他们,比如雇主告诉他要刺杀的目标是第八代血族而实际上却是更强大的第六代,结果反而被目标杀死,那么阿萨迈族并不会找这个雇主复仇,但以后再也不会接受他的任何暗杀任务。

由于阿萨迈族的特殊背景,他们的信仰是多种中东宗教和吸血鬼神话的混合体。他们认为吸血鬼到达天堂的唯一方法就是要尽可能的接近最初的吸血鬼,也就是努力降低自己与最初吸血鬼之间的辈分差距。于是阿萨迈族常常会通过吸榨别的比自己年长的吸血鬼来实现这个目标。对他们来说，吸榨别的吸血鬼的血就好像是在食用圣餐一般。同时，为了证明自己行为的正当性，他们宣称氏族的创始者就曾经手刃过两个第2代吸血鬼。

希太族通常被称为 Setites。血族社会中很少有吸血鬼对希太族表示善意，他们所遭到的猜疑远多于其他的氏族，这主要是由于他们的信仰。

希太族起源于埃及的夜与黑暗之神希太，是黑暗的仆人、腐败的化身。希太原名为 Sutekh，经常以可怕的形态在夜间出没，被人们称为夜与黑暗之神。后来 Sutekh 改名为 Set，并且与另一个吸血鬼——埃及的司阴府之神奥西里斯展开了斗争。结果希太被奥西里斯战败，他的追随者们都被杀死，而他自己也被放逐。后来他又开始重建自己的势力，范围遍布西班牙山脉到黑海各地，同时又吸引了更多的追随者，其中包括埃及人、希腊人、罗马人、波斯人甚至闪族人。但在公元 33 年时，希太却突然消失了，消失前他告诉追随者们终有一天会重回到这个世界。此后，为了让希太重新复苏，他的追随者们

◎ 血族社会中很少有吸血鬼对希太族表示善意

一直在努力将世界拉向黑暗。虽然希太族的成员们认为希太在世上存在时间比第一代吸血鬼该隐更早，但其他的氏族却认为希太只是一个第三代吸血鬼，他的突然消失是为了避免在千年圣战中受到创伤。

血族们都十分鄙视希太族，认为他们会带来罪恶与沉沦，因此都拒绝希太族进入他们的城市。而希太族也不和他人结盟，他们的最终目标就是使人类与血族的道德沦丧，为自己与他们的黑暗主人创造不计其数的奴隶。他们通常会使用毒品等种种手段诱使其他血族或人类堕落，再利用其弱点奴役对方。

吉普赛·罗玛

吉普赛·罗玛是古印度孔雀帝国时代被人们"神化"了的一个人物，她有着神奇的能力，能够祈求天空下雨、轻易地治愈一些严重的伤害和未知的病症、还能在舞蹈的时候飞起来。她永远年轻漂亮，神圣纯洁的气质让每一个见到她的人都会不由自主地下跪。但她却从来不见阳光，也不吃普通的食物，她的主食就是鲜血，通常是小猪的血，但是人血对她来说更加美味，所以有求于她的人，都会带去奴隶赠送给她，让她可以吃到新鲜的人血。吉普赛·罗玛在吃过奴隶一次血后，就会放掉这个奴隶，让他们恢复自由，任意去漂泊。因为这样，吉普赛·罗玛创造了一个又一个后代，从而造就了雷伏诺族的雏形。

这些奴隶在流浪的生涯里发现自身的改变和能力，并且学会了特殊本领，便回到吉普赛·罗玛的庄园来报恩，逐渐地建立了雷伏诺家族，后来这个家族就成为了雷伏诺血族。

2 吸血鬼的辈分阶级

◎ 血族

在血族的世界中,吸血鬼是分等级的,这种分级不但代表着一个吸血鬼的地位,也代表着能力的高低。但由于血族不会衰老,所以他们实际的生存年纪和看起来的年纪没有关系。血族成员之间辨认彼此身份的方法是依据年龄与世代来区分。也就是说,追溯某个吸血鬼与吸血鬼始祖该隐之间的世代差距来决定辈分。

据说,从第一代吸血鬼至今,血族的世代已经发展到了第十四、十五代之久。除了第一代和第二代,在所有吸血鬼族中力量最强大的一代应该就是第三代吸血鬼了,他们有着号称可以与神比肩的异能和力量,虽然传说第四、五代吸血鬼的力量也可以与第三代相匹敌,但他们后来却进入了休眠期,到中世纪时几乎已没有踪影了。在参加"圣战"的吸血鬼中,大多数都是属于第六、七、八代吸血鬼,

◎ 该隐与亚伯

由于经过几个世纪的磨炼，他们中很多人有着强大的异能和魔力，所以通常被第三、四、五代吸血鬼操纵利用。到了第九和第十代，生活已经变得相当危险了，由于年轻他们无论能力和经验比上不足，地位堪忧。第十一、十二、十三代吸血鬼年龄一般都在几十岁左右，至多一百岁。但因为环境动荡的因素使得他们可以有更多的机会历练，所以他们大多数能力比较出众。照时间算来，如今大多数吸血鬼都是来自于这几代。再往下的第十四、十五代在传统意义上讲还不能算是真正的吸血鬼。

血族的辈分从高到低共分七级：上古者、长寿者、长老、仆人、不受管束及叛徒者阿纳稀、婴儿、贵公子。通常来说，吸血鬼都拥有一些贵族头衔：包括亲王、长老、领主、公爵、侯爵、伯爵、子爵、男爵等。

上古者就是传说中该隐的孙子第三代吸血鬼,他们是最古早的吸血鬼,是所有吸血鬼中力量最强大的一代。他们有着号称可以和神并肩的能力。传说这些古老级的吸血鬼之间自古以来就一直进行着千年圣战,所有的后代血族在他们眼中都只不过是傀儡而已。可以想见,如果当这些拥有强大异能的上古者们从无数世纪的长眠中醒来,那么所有血族都将会面临一场天翻地覆的大灾难,他们只要说一个字,就可能造成整个吸血鬼世界及人类世界血流成河。在卡玛利拉密党同盟中,"Antediluvian"甚至是一个禁制的字眼。

长寿者又叫做玛土撒拉,玛土撒拉原本是一位以长寿著称的人物,享年965岁。不过在血族中一般是指已经活了一、两千年之久的第四到第五代的吸血鬼。据说他们的身体在长年的岁月中,产生了很大的变化,这两代的吸血鬼已不再具有人类的外表,完全从世俗的物质界跃入超自然界。据说他们深居在石墓中或遁入土中休眠,只饮用血族的血,并能通过无形的心灵

◎ 坐在地上的长寿者

力量掌控整个国度的命运。至于他们的外表变成什么样子，有的说他们的皮肤已经石化、有的说他们已形销貌毁、也有的说他们拥有令人不敢直视的超凡美貌。他们拥有十分强大的异能，据说他们的力量已经可以和他们祖辈相匹敌，不过他们中的一部分已经进入了休眠期，继续在活动的玛士撒拉已经越来越少了。但可以肯定的是密党的核心领导层和魔党的执政者都是玛士撒拉中拥有强大能力的一员。

　　长老们在血族社会中掌握着相当的权力，他们大多数为参

◎ 血族

加过圣战的第六、七、八代吸血鬼，年纪在两百岁到一千岁。他们不像上古者与长寿者们自限于漫长的休眠，也不像年轻一代血族那么弱小而容易被操纵，数百年累积的智慧与权力使他们成为血族"圣战"最核心的人物。由于他们的领导者有着强大感应力和魔力，所以他们通常被上古者和长寿者当作士卒。虽然他们中的某些人意识到自己是别人手中的棋子，但仍然无法改变自己的命运。尽管如此，对于年轻的成员来说，他们还是拥有较强的能力，并且在血族中也占有一席之地，密党中属于这几代的成员大都具有几个世纪的年龄。

仆人多为第九、十代吸血鬼，是从新成员进阶到长老的中间阶段。由于年轻，他们无论在能力还是在经验上都逊色不少，而且也很难把握住机会来提升自己的能力和在吸血鬼社会中的地位。在他们中只有极少数的成员能够在社会等级阶层中有所作为。由于经验与年龄都不够，所以还不是"圣战"的正式成员。不过他们只要奉守戒律传统，经过五十至一百年后，便可能受到长老们的关注，得到提升。

在新进成员中，还有一些不受管束者和叛徒，他们会因为叛乱的行为而受到长老们的注意，但他们不可能进入掌权者之中。

血族中最年轻的一代是婴儿，他们是刚被引介给亲王的新进血族成员，但还未在血族社会中闯出名号，当代的婴儿通常为第十三代之后。他们可能会在一夜之间干出一番轰轰烈烈的大事而让长老认可其能力而获得晋升，也可能会沦落为长老们阴谋下的牺牲品。相对来说，他们这代吸血鬼和传统意义上的吸血鬼已经有所差别了。他们虽然在个人能力上有很大的退步，但他们中的某些却可以在阳光下行动几个小时，同时也能在人类社会中生活而不露出任何马脚。不过可悲的是他们中的一些不幸者会和人类一样有衰老的过程，只不过他们衰老的速度要比人类慢很多。

贵公子又称为"子嗣"，是刚获新生不久，还在主人（赋予吸血鬼新生与血缘者）监护与保护之下的吸血鬼。除了始祖该隐之外，每个吸血鬼都必定是另一位血族的子嗣。贵公子在血族社会中不受尊重，通常被当作儿童般被尊长照顾，仅被视为主人的财产，而不是正式的一员。当主人

◎ 吸血鬼

认为已经准备妥当时，便可以在亲王的同意下升为新生阶级。

在血族社会中，各个党派和氏族都有所不同，但他们的领导阶级大致是相同的。在密党盟派盟派之下，血族成员还划分出地方的势力。一般而言，血族会以城市作为集中地，因为都市中非常适宜觅食。每个都市中会有一个血族亲王，这个称谓和王室没有关系，也不一定是男性。亲王是该城市中所有血族的领袖，一般称呼为某某城市亲王，例如 Prince of New York。

亲王通常是由辈分较高者担任，他们拥有众多强大的能力，他们的主要工作就是维护辖地的戒律传统。他是辖地中唯一拥有繁衍血族后代的权力者，辖下的血族若要创造新的后代，必须经过他认可。亲王会受到辖地中的元老会的辅佐，元老会成员一方面提供意见，一方面也监督亲王的权力，通常只要亲王能维护千年潜藏的传统，元老会便会给予支持。当然，能参与元老会的长老必然都是老谋深算之徒。

◎ 血族社会的地位结构通常是一成不变的

另外，只要有外地的血族进入辖地，都必须接受亲王的管制。亲王可以以保持避世为由，针对某些或全部辖地中的血族下达限制禁食的命令。虽然亲王不能任意杀害血族成员，但仍有些亲王会滥用权力雇用血族猎人。最后，亲王很有机会在密党同盟的政治结构中晋升自己的地位。

长老职位与血族辈分中的长老不同，这个长老是管理氏族内部的长老，并非是整个血族最高密党盟派会议的长老。他们通常已经活了两百到一千年，比亲王更高一些等级。

领主是赐予密党盟派会议领地的血族，suzerain 原意是宗主国，也就是说他就是一片领地最高主人。以领主为首，下设元老员，有 12 位长老共同议事，其下还有数量不定的议员。领主和长老必须有亲王等级,长老是选举产生,议院是领主和3位长老共同认定的。而领主一般是在前任领主退位后指定继承人或是领主决斗的胜利者担任。由于血族的寿命为无限,而领主的工作有很复杂,一位领主在一定时间的任期后通常都会选择退位。通常一世纪一任,不得连任。

此外,其他吸血鬼的职位分级都是按着年龄来划分的,1200岁以下的是公爵级别的吸血鬼,900岁以下的是侯爵级别的吸血鬼,700岁以下的是伯爵级别的吸血鬼,500岁以下的是子爵级别的吸血鬼,300岁以下为男爵级别的吸血鬼,100岁以下为初级吸血鬼。

◎ 吸血鬼除了要有英俊的容貌之外,还需要有强大的力量和良好的家族背景

血族社会的地位结构通常是一成不变的,就像他们的永恒生命一样。不过,由于血族长老(Elder)总是要寻求一些人才加盟以对抗"圣战"中的敌人,因此年轻一代的吸血鬼只要向长老们证明自己的能力足以胜任某个地位,仍然允许有少许的流动性。

在血族社会里,即使是同一个种族内,也并非完全的和睦。为了权利和地位,种族内的成员也经常会发生战争,往往是一个家族的长老和另一个家族的长老联合起来,把现今的黑暗统治者推翻,然后再相互残杀,最后的胜利者就可以成为新的吸血鬼之王。

一个吸血鬼要想成为新的吸血鬼之王,除了能在战争中取胜,力量和容貌也是相当重要的。吸血鬼十分重视他们的外貌,身体

异常或长得不十分突出的吸血鬼，在血族的阶级中会有限制的。除了要有英俊的容貌之外，还需要有强大的力量（至少是2代吸血鬼）和良好的家族背景。此外，还要有强大的关系网，因为如果得不到吸血鬼长老委员会的承认，就算可以杀死所有吸血鬼，还是无法成为公认的吸血鬼之王。

当一个吸血鬼成为新的吸血鬼之王后，由长老委员会的所有长老集合力量一起召唤恶魔，新吸血鬼之王要和恶魔签订"死亡契约"。契约一旦成立后，吸血鬼之王的力量和能力等会比之前提高数万倍。吸血鬼并不是恶魔，但有时候他们为了追求更强大的力量，不得不把灵魂出卖给恶魔，以追求更强大的力量。

布拉马帕斯

布拉马帕斯是相当残忍的印度吸血鬼，据说他吸食血液的方式是将受害人的头骨打碎，将血液与脑浆混合着一起食下，在他进食完毕之后，会将被害人的肠子挖出来，缠绕在身上跳舞。

3 吸血鬼戒律

传说中，早在卡玛利拉密党同盟创设之前，就已经形成了六条戒律传统，但一直没有明文订立。直到密党成立时，创始的长老们才将这些将戒律正规化，并且形成了具体明确的戒律条文，要求后代的吸血鬼们严格遵守。虽然

◎ 吸血鬼不能对非吸血鬼露出自己的真面目

这些长老们极力维护这些传统，但经过漫长的时间，多少都会遭到一些破坏，尤其是一些年轻一辈的叛逆者，对这些教条更是嗤之以鼻，他们不服长辈、轻视传统，不过一旦违反了其中的戒律，被发现后就会受到不同轻重的惩处。

密党的六条戒律条文的内容如下：

第一戒条：避世

"不能对非吸血鬼露出自己的真面目，否则，其他吸血鬼会和你断绝一切关系。"

这条传统是整个戒律传统中最高、最重要也是最核心的宗旨。它规定了血族成员必须隐匿于人类社会中，绝对不能暴露身份，以免导致血族生存的危机。违反此传统的血族会受到最严厉的处罚，而整个血族也可能因此受害。

第二戒条：领权

"你在你的领地有着自己的权利，到你的领地内的吸血鬼要尊重这种权利。在你的领地里，无人能违背你的话。"

中世纪以前的血族大多有自己的地盘，但当代的血族领域通常是指亲王的辖地。有些地方的亲王能力做不到，就会将辖区暂时分封给长老们管理，这大多含有政治上的互动意义。

一些年轻的叛逆者会扭曲这项传统的原意，想要结党成派形成地方势力，就像街头黑帮一样，这些小帮派常常彼此争斗。只要

◎ 吸血鬼

他们不违反潜藏的戒律和亲王的号令，不让事情闹得太大，长老们并不会在这一点上加以过度约束。事实上，亲王通常会设法让这些街头帮派彼此不合，让叛逆的血族成员彼此压制力量。

第三戒条：后裔

"如果你要创造新的吸血鬼，必须得到你的长老的同意。如果未经长老许可而私自创造新的后裔，你和你的后裔都将被处死。"

这条传统中所谓的长老，本来是指自己的尊长，不过现在卡玛利拉通常解释为该地的亲王。也就是说，如果血族要创造新的血脉，必须先征得所属地亲王的同意。亲王对于新创造的血族，拥有绝对的处置权，他可以承认其资格、纳为己出、或者将其放逐甚至杀掉。卡玛利拉赋予亲王这项权力，以控制叛逆者的数量。

第四戒条：责任

"那些由你所创造出的吸血鬼是你的晚辈。在他们被让渡之前，你应该在各个方面教导指挥他们。他们的罪要当成你自己的来忍耐。"

血族有义务全责照顾自己创造出来的晚辈，直到引介给亲王释放身份为止。在血族社会中，晚辈是被当作孩童一样的教导抚养，尊长必须尽力加以指导教养，使其成熟。一旦被亲王认可之后，晚辈便可以获得独立之身，拥有和其他正式血族成员一样的权利。当然，被释放的新血族成员如果仍从事一些"幼稚"的行为，便会受到其他血族的耻笑。新血族成员必须以能力证明自己的确有资格成为血族社会中的成人。

第五戒条：客尊

"吸血鬼应该互相尊重领权。在你到达一个陌生的城市时，应该向那里的管理者引荐自己。如果没有得到他的批准，你不能在那里做任何事。"

通常血族很少远行，但是只要进入其他血族的领地，便必须接受他们的统治。在当代，领地指的就是亲王的辖地，当血族进入某亲王的辖地时，通常必须晋见让其知晓。晋见的过程因不同的亲王而异，有些亲王要求正式的会面仪式，并且必须通报血脉身份，有些则以简单的方式

互相认识。进入他人领地未通报的血族若被发现，通常不会受到太大惩罚，不过会被抓到亲王面前质问一番然后释放。这项传统主要是为了保障亲王的统辖权，因此亲王在晋见之后，通常不会过度拒绝外来者，除非是恶名昭彰之徒。

叛逆者通常不愿主动遵守这项传统。另外，长寿者也大多不理睬亲王的权力，因为他们通常活得比亲王还长久，能力十分强大，在他们眼中，一般血族和人类没什么两样。

第六戒条：弑亲

"严禁杀害你的同类。猎杀的权力只属于你的长老。只有长老之中最年长的一个有权下发猎杀令。"

这项传统向来备受争议，过去的 Elder 指的是尊长，但当代的意义已逐渐转为特指亲王。也就是说，只有亲王才拥有处决辖下血族的权力，这项权力是受到卡玛利拉所认可的，只要亲王是因为维护传统而使用此权力，通常长老便会支持他。这也是当代年轻血族与年老者的主要冲突点。犯下"谋杀罪"的血族成员，通常会被亲王以猎杀令缉捕。

对于严重违反传统戒律的血族，所谓的惩罚通常只有三个字：杀无赦。亲王有权下达猎杀令，他通常会秘密命令一些或所有辖地中的血族捕杀犯戒者。如果有其他血族的成员敢协助被猎杀者逃亡，将视为是对亲王权威的严重冒犯，而成功捕捉到被猎杀者的血族成员通常会获得一定的名声，同时也可能有权取得被猎杀者的血液，因此许多年轻的血族都非常愿意参与猎杀行动。

一般而言，只要亲王下达了猎杀令，便在辖地内永远有效。但是卡玛利拉允许高层的秘密会议事前否决亲

◎ 血族

王的命令，参与秘密会议的成员以正反证据作为表决依据。若亲王不遵从秘密会议决议，虽然不会受到任何惩罚，但是必然会损失相当的名望。

以上六大戒律是由密党订立的，因此对于其他党派的吸血鬼是没有约束作用的，他们完全不必遵守这些传统束缚。

知识链接

卡帕多西亚族

有一种说法，指出阿刹迈族是从已经灭亡了的卡帕多西亚族中分离出来的。传说在血族的千年历史中，卡帕多西亚族一直以"死亡之族"著称。事实上，其他血族也经常因卡帕多西亚的阴森兴趣而避免与其接触。尽管卡帕多西亚族的神秘特质令人畏惧，但同时也为他们赢得了不少尊敬。他们的洞察力与智慧广受推崇，对世俗权力缺乏兴趣则使他们获得信任。

4 吸血鬼的心路

◎ 在每一位血族的内心深处，都潜伏着一种叫做心兽的原始欲望

传说中，在每一位血族的内心深处，都潜伏着一种叫做心兽的原始欲望，它是一种日夜折磨着血族灵魂的无休止的饥渴与无限制的野性的结合。血族成员们必须学会克制住自己体内的心兽，否则就会沦为丧失心智的粗劣野兽，将会发狂直到被同样发狂的同类杀死为止。为了研究出如何克制心兽的办法，血族们拥呃了不少的哲学家，希望他们能够理解血族的本性，彻底消灭心兽，将自己的心置入某种和平之中。他们将这样的一个修行历程称为心路，在每一种心路历程中，都埋藏着血族们的期望甚至是某种力量。其中，有五种最有特色的心路，在欧洲有着众多的信仰者。

第一种心路：兽之路

兽之路的道德规范：以野兽的生存方式活下去；做任何事的目

都是为了生存。不能多,不能少;仁慈是弱者的墓志铭,只有强者才能生存;过去的事如同死者,未来如同还未出生的人。只有现在才属于你;尊敬强者,不要对任何人宣誓效忠。

大多数血族对于心兽所产生的欲望是持对抗态度的,但信仰兽之路的"野兽"们却能接受他们的命运,顺从心兽赋予他们的饥饿感,立志成为世界上伟大的猎手。他们将自己视作狼与狮的同类,只依靠原始的本能和动物性的直觉来生存。他们忽视文明,充分满足心兽的欲望,这种心路或许是历史最悠久的心路。

野兽素来远离文明,且按照大自然的法则生活在荒郊野外,但如果论到残忍,兽之路应该算是最不残忍的心路了,因为野兽们只会为生存而杀戮,而不是为了竞技或是娱乐。但野兽们杀戮后也从没想过后悔和反思。

◎ 野兽素来远离文明,且按照大自然的法则生活在荒郊野外

同样,兽之路的信徒们也为现在而活着。满足于现在的需要、享受现在对他们来说才是最重要的。他们喜欢随性而为,没有做计划的耐心和习性,这种冒失而勇敢的心性看起来似乎比别的血族要天真上不少,但他们绝对不傻,他们把世界上所有事情都划分为猎人与猎物、敌人与朋友,没有任何缓和的余地。

有些信徒会否认该隐是他们的祖先,并宣称他们的血统源自某个更古老、强大的家系。他们永远将自由放在第一位，厌恶任何限制自由的行径和事物。他们拒绝承认领主的权威，也拒绝对任何人宣誓效忠，他们也会尽量避免结下任何血誓，除非这个血誓的内容可以帮助他们单方面得到某些人的绝对忠诚。他们利用机智与力量生存在旷野之中，很少尊重和信任别人，他们只会服从得到他们尊敬的人，以及那些在肉体，心智和灵魂上都强过他们的人。

很少有上位氏族的成员遵循这条心路，那些拥有高贵血统或地位的血族们如果以野兽的方式进行拥吻的话，将会被亲王和男爵们的法庭驱逐出领地。在血族中，密党同盟中的冈格罗族是兽之路的主要信徒。此外，其他氏族的血族也都可能信仰兽之路，只要他们强大到可以自保。

初心者

据说，每一个刚刚被拥吻的吸血鬼，都要选择一种特定的心路以修行。通常是在他们的主上教授了血族的思维模式与生活之道后，经过彻底思考做出选择。这样的过程一般为上等氏族以及部分下等氏族所采用，但并不是最广泛的做法。大多数的情况是，一些新生儿根本对心路缺乏细致的理解，甚至根本不知道何为心路，而往往是通常本能来引导他们进行选择。这样的情况下，血族或许能够摆脱一种被灌输的和教育而导致的盲信或盲从，在与心兽的对抗之中找到适合自己的方法与修身之道，那就是属于他们自己的心路。

无论吸血鬼们选择心路的过程是怎样的，他们都要从为初心者（Initiates）这一过程开始。他们所要迈出的第一步必须谨慎而小心。一位初心者还并没有完全效忠于某种心路，因此他也还不能完全享受到心路给他带来的好处。这些初心者的信念需要被考验，并且对于体内的心兽并没有太强的抵御力，这将导致他们很容易被愤怒的疯狂所左右，甚至会被恐惧所折磨。

入门：兽之路的入门基本上是由大量给初心者的教训组成的，以帮助他们迅速摆脱文明，与荒野联系得更紧密，并学会做一名优秀的猎手。那些失败者们会被毫不留情的灭杀，或是作为有前途的初心者的饵食。

组织：兽之路并没有什么领导人和领袖，也没有任何维持信徒关系的等级制度。野兽们有时候会在强者的带领下聚集在一起，成为一个小族群，强者不能拒绝任何挑战，这样才能成为族群的领袖。不过，这样的组群只有在需要的时候才会聚在一起，平时成员们都是各走各的路。

第二种心路：天堂之路

天堂之路的道德规范：上帝注视着每一个血族以及他的子嗣，他们是他计划中的重要棋子；上帝之言即为法律，蔑视上帝就将被诅咒；没有人可以凌驾于上帝的法律之上；热爱上帝，为上帝奉献就是一切；通过与心兽作战，你将消灭恶魔，以及地狱中所有的邪恶生物。

血族们都知道他们是被上帝所诅咒的一群，因此大多数的血族也诅咒上帝以示回应。但有些血族则选择接下了他们领主所赋予给他们的使命：探求血族被上帝诅咒的原由与目的。"为什么上帝要如此对待我？"很多人都带着这个问题加入到天堂之路的行列中来。和基督教会一样，天堂之路的内部也有教派，教士会，甚至是异端。

◎ 有关恶魔之王撒旦的壁画

天堂之路的基调是上帝正在考验血族们所谓的"虔诚",上帝赋予他们一个重担,但他们高兴地挑起了它,因为这会使他们的信仰得到净化,并能让他们变得神圣起来。在天堂之路的所有教派中,几乎所有心兽的声音都代表着恶魔之王撒旦,他试图诱惑所有的虔诚信徒,将他们拖入原罪的生活中,拖入地狱。

天堂之路中有着各式各样不同的道:忏悔之道、报偿之道、神性之道等。虔诚信徒们通过这些道来组织着各种不同的宗教活动。忏悔之道与报偿之道的信徒总是能够互相接纳对方的信徒,但他们也会强调各自信仰的不同点;忏悔之道认为不死的生命是为了给他们忏悔,他们必须忍耐到净化来临、向上帝证实了他们的虔诚之时。大多数的忏悔者都以自己的仁慈与贫穷发誓,企求得到领主的原谅,他们勉强能得到温饱,而且只能喝到动物的血;对报偿之道的信徒来说,他们是上帝的复仇之手,是向恶人与罪人展开报复的,他们希望能够以自己的辛劳来赢回上帝的恩宠。

其他道的理论则大多与前两者有着争议,比如神性之道认为血族是受上帝祝福的生物,他们掌握着强大的力量,认为自己的地位要在凡人之上,如同圣者甚至天堂的主人一般伟大。而一些血族的异端们则会有一些更激进的观点。事实上,异端教会的主教与天堂之路的灰色祭祀们经常会有一些冲突。

入门:大多数加入天堂之路的人当初都是虔诚的教徒,特别是牧师与十字军骑士。其他血族在被拥吻之后才开始信奉上帝,搜寻他们永生的意义,而曾经的教徒们则更加的狂热。天堂之路的入门仪式类似于教会的洗礼。初心者们在祭祀与上帝的祭坛前发誓要永不接受撒旦的诱惑,并以信仰上帝为荣。而具体的入门仪式根据派别的不同而有所不同。

组织:虔诚信徒们的组织如同凡人的教会一般,但他们会分散为更多的教派与教士会。灰色祭祀们按他的学生意愿为他们服务,以及主持圣事。除他们外,还有大量各式各样的修道院。天堂之路并没有一位统一的教皇或是大祭祀。某些长者在他们自己的教派内或许有这样的头衔,但他们都无法获得全部虔诚信徒的忠诚。虔诚信徒们往往过着单纯僧侣式生活,这是受凡人修士的影响,当然,血族们也有自己的尊敬上帝与崇拜上帝的方式。

第三种心路:人性之路

人性之路的道德规范:应以一个人的言、行和心来衡量他,而不是他的出身和环境;思考的能力区分了人与兽;己所不欲,勿施于人;所有的人都是兄弟;自由是要用尊严与正义来争取的。

尽管其他的心路都认为血族已经不再是凡人,在他们体内也已不再有人性。但人性之路的信徒们却不这么认为,他们认为自己的思想和灵魂仍然与普通人类没有什么本质的区别。的确,虽然血族背

◎ 血族

负着上帝的诅咒，但在他们灵魂的黑暗处，仍然试图保留一丝最后的人性。

人性之路的浪子们不同于天堂之路，他们并不向上帝寻求他们的救赎，而是在"扮演"人类中寻求救赎。尽管他们已经不再活着，也不再是人，但表现得比人类还要高贵而富有人性。他们不想变成野兽，将他们的同类当作饵食，他们也不想将自己定位为超越人类的存在。他们认为思想与良知是能够帮助他们穿越无尽生命中的黑暗迷宫的唯一指引。

在所有的血族中，浪子们看上去最平凡。对一位浪子而言，心脏跳动并不是一个人有人性的标志，只有心中的感情与知觉才是人性。他们毕生都在学习如何做人，而心兽则总是要考验他们的信仰是否足够坚强。

心兽是所有浪子斗争目标的集合体，包括无休止的饥饿，无极限的残忍，绝对的自私和灭绝人性的疯狂。这些心兽对血族们来说是怂恿着他们成为野兽。于是他们控制和压抑着自己的行为和欲望，拒绝心兽的诱惑。但为了生存，浪子们有时必须释放他

◎ 有关饥饿的漫画，心兽包括无休止的饥饿

们体内的黑暗欲望。他们必须捕猎，他们也必须保护自己不被狩猎。这些目标使得浪子们陷入了一种矛盾之中，他们需要与心兽作战，但又必须犯下一些微小的罪责，但这是为了避免不犯下更大的罪。只要条件允许，他们也会为自己的行为寻求忏悔与救赎。

人性之路中有许多内容都表达了布鲁赫氏族的理念，特别是关于血族本身存在缘由的可能性及号召血族们和谐共存，以及对于人类尊严与自由的理解上两者是相同的。许多布鲁赫氏族都遵循了人性之路，当然也包括其他氏族的成员。在被拥吻之后，他们大多会意识到人性是多么的宝贵与脆弱。虽然有一些血族在后来会因为挫折而选择其他的心路，但更多的还是会坚持下去，矗立于人性之光中，躲避黑暗的侵蚀。

入门：大多数人性之路的信徒都是在与他们体内的血族本性激烈斗争、并对它有一定的了解之后选择遵循这条心路的。他们以自己的人性确信了自己的信仰，并牢牢地将两者联系在了一起。通常是在经历了一次因体内的心兽唆动欲望而导致自己不受控地"展示"了自己野兽一般的行为和能力之后——这也就是他们的真实之刻，感到内疚与痛苦的他们决定维持住自己的人性。那些为了满足体内的欲望而野蛮地杀戮的新生儿，那些为了对上帝复仇而杀戮的雏子们，当他们终于熄灭了欲望，注视着自己手上沾染到的鲜血时，这触目惊心的景象大多会让他们冷静下来，不愿再变成野兽。其他遵循此路的血族大多是被他们的主上或师父们教育的结果。

组织：人性之路宣称所有的人都是兄弟，并且应该随时考虑到自己的言行对他人的影响，尊重他人。因此，人性之路的信徒们往往都很尊敬他们的师父和哲学家们，而这些师父、哲学家们总是以一些圣者的故事来教育信徒们。一些在人性之路中具有影响力的师父和哲学家们往往学习希腊人的传统，并且将他们的学生聚集到学校中来，不过这样的学校规模都很小。血族们可以按照那条古老的格言"了解你自己"中的精神，在学校中投入地学习和辩论。当会堂中聚集了足够的人可以辩论时，人性之路中的派系之分就有了意义。一些血族会帮

◎ 吸血鬼

助刚被拥吻的新生儿，或者在发现他们已经丧失了人性之后对他们进行狩猎。还有一些血族则会按照布鲁赫族的做法，与凡人和谐地生活在一起。在人性之路中，甚至有吸血鬼圣殿骑士与吸血鬼医院骑士的传闻，这无疑显示出他们内心中的人性和仁慈。

第四条心路：王者之路

王者之路的道德规范：世上只有两种人——主人和仆人；你是比凡人高贵的存在，你生来即是为了统治；想要控制他人，你必须先控制自己和自己的心兽；只有争取权力的人才会得到权力；只有使用权力的人才能保全权力；言出必行，失信者将失去一切。

如同上帝赋予了国王统治他人的权利一样，他也会通过提拔凡人为血族、并且赋予他们统治凡人的权利来强调他们凌驾于凡人之上的优越性。王者之路的信仰者们相信，力量和统治权是他们从上帝那里继承的神圣的遗产，也是他们要毕生用手中的剑与法庭上的灵舌所保护的东西。当然，王子们也会如同凡人贵族一样，为了血族的领地争斗不休。他们不但关心战争与荣耀，也关心自己的统治权。虽然他们认为血族的诞生就是为了统治，但事实上，只有强者、知变通者、诡诈者，以及坚强者才能最终坐上王座，而神授（或诅咒）之力也只在被运用时才能发挥作用。

心兽是王子们在王者之路上最大的障碍，那些所有黑暗的冲动都将把他们扯下王座，并且导致反乱与背叛。因此，征服和控制心兽是他们征服世界的第一步。每一位王者之路的初心者，无论他是统治还是被统治，第一件要学习的事情，就是能够在号令自己的臣子与诸侯之前掌握和控制自己的心兽，以便命令下位者和服务上位者。只要小心的使用它，那份激情会使王者更加强大，并且赋予他征服敌人与守卫自己王座的力量与勇气。

王者之路的主要成员大多来自上位氏族的血族，特别是密党中的勒森魃族、梵卓族和魔党中棘秘魑族三个氏族。尽管也有信仰其他心路的亲王们存在，但没有任何人能和同王者之路的信徒一样将王道发挥到极致。这些王子们更清楚所谓"积蓄个人力量"并不是只是强化自身的能力，他们会花些时间先在别

◎ 勒森魃族

的血族麾下当仆从与骑士，从而学习到如何激发起仆从们与诸侯们的忠诚。也有的血族会去当法官或是文书，以他们领主的名义推行正义。

由于对封建制度的欣赏，血族领主们在王者之路的初心者和信徒中间推行一种骑士道的精神，而王子们也将骑士道按自己的需要进行了改编。不过真正具有骑士道精神的血族有时候却会挑战这些传统的血族领主。例如领主们宣布自己就是法律，而骑士们却有着自己的一种模糊的道德标准，这种标准既不是引自凡人的传统，也不是血族领主们的改编，而是属于血族骑士的骑士道。

入门：王者之路的初心者们往往通过两条路入门。其中一部分人是因为导师的影响而加入的，事实上，或许他们的主上就是为了这个目的而拥吮他们。他们一般会成为他们主上的忠实友伴，而其中有野心的人甚至会爬到更高的位置。其他血族则是根据自己的理想选择了王者之路，他们为了赢得主君的眷顾，所以要挣得荣耀，并小心他们的言辞。无论是那种情况，初心者们都会先为他们的主君服务上一段时间。这段时间中，他们会以书记、随从之类的身份，在他们的主君的指导下学会服从纪律和自我控制。随着骑士道精神的兴起，初心者们越来越多地被指定为侍从，并且以得到骑士称号为学习的结束。而主上与君主们则充当起了"养育者"，与他们的侍从们共同成长。

组织：王者之路大概是所有心路中最有组织的，每位信徒都必须向某人宣誓效忠，同样也会有人向他宣誓效忠。大多数的血族宫廷是按王者之路的标准设立的，而领主则是所有信徒中最高阶者，尽管这些领主们还渴望得到更高级的位置。在领主与亲王之下，是一些低等贵族，男爵、公爵及其他。在他们之下是骑士们和骑士组织，他们大多是由某位亲王赞助的。在宫廷内外一般会有管家、谏客，以及臣子们为主君服务，他们都在权力阶梯上发挥着微妙的作用。王子们究其一生在权力阶梯上前行，往往要踏过敌人的尸体，并为保住自己得到的东西而奋斗。

第五条心路：原罪之路

原罪之路的道德规范：你是被诅咒的生命，所以没有什么对你来说

◎ 恶魔

还是禁忌；控制住你的心兽，将其变为你意愿中的样子，而不是让它控制你；夜晚是属于你的。拿取你想要的，做你想做的；行动时无视他人的行为，无论凡人还是上帝的律法都无法束缚你；在你心中的黑暗深处，埋藏着你的欢娱，前提是你有勇气释放出它们。

在中世纪，大多数生活在黑暗的普通民众们都认为吸血鬼是一种类似于恶魔的生物，据说包括很多血族也都这么认为：既然已经被诅咒，跪下乞求上帝的原谅，为何不干脆纵容自己的欲望，庆祝自己的新生、满足自己的每一次邪恶的悸动呢？然而，原罪之路的罪人们却从来没有堕入心兽的诱惑之中，成为他们欲望的纯粹欲望。他们通过纵容与满足而掌握了心兽，并且使它与他们的心智共存。虽然许多血族由于罪人们的不节制与放荡而谴责他们，但更多的血族却在暗中嫉妒他们的自由，并认为他们的罪恶生活实在是太具有诱惑力了。不过与这些指控恰恰相反，很少有罪人成为地狱的代言人。大多数的罪人都是按着自己的意愿行事，他们所属心路的核心思想就是自私。而一些极少数的恶魔都是自愿为地狱服务的，他们那么做也只是为了得到恶魔们许诺的利益。

原罪之路的信徒们对于原罪的理解各有不同，因此兴趣也会不同：一些血族沉迷于艺术、香水、音乐等风雅事物之中，他们往往以赞助人或是后台老板的身份在艺术圈里活动，或者成为收藏家；还有一些血族则迷恋着所谓"诱惑的艺术"，将许多美丽的凡人女子诱骗入他的室内，玩弄她们的心；另一些血族则以劝诱他人堕落为乐，将他人带入放纵而无度的生活，代替他们进行娱乐和享受。因为他们已经被诅咒了，所以任何事物对他们来说都不再是禁制，可以尽情探索痛苦与令凡人道德沦丧的极限。

事实上，对原罪之路的信徒而言，唯一的禁忌就是未能满足他们无尽的欲望。只有通过满足欲望，他们才能喂饱心兽，迫使心兽被震慑于他们的体内，忙于消化。他们清楚心兽的强大，并且不愿意成它的奴隶。他们知道完全拒绝心兽的要求只会令它慢慢强大起来，最终导致他们自身的终极毁灭。

原罪之路是一种充满诱惑的心路，为了满足某种欲望，许多血族都选择了它，包括一些血统高贵的上位氏族的血族们，比如密党中的妥芮朵族，他们通过感知精致的美丽与承受敏感的痛苦，试图得到一种极致的高贵的享受。而一些下位氏族的血族们则大多被说成是野蛮人，比如魔党中的棘秘魑族，但这种说法往往是源自血族社会的传统思维，而不是那些下位氏族的罪人们的真正言行。

虽然一些睿智的血族们对于罪人们素来都保持着警觉的态度，但他们仍然承认原罪之路是一种合法的心路。只要是罪人并不亵渎或反抗传统或者亲王与领主们颁布的法令，就没有人会干涉他们行为，这也正是罪人们所最期望的。一些罪人甚至认为自己是心兽研究方面的学者，他们往往会在如何对抗黑暗的悸动方面对亲王们和当权者们有所建议。

入门：原罪之路的入门仪式，往往是通过打破束缚于新信徒身上的枷锁、剥落下他们身上的道德限制、并释放出他体内的原始欲望这一过程而完成的。拥吮是这项工作的开始，这唤起了他们胸中原始的与黑暗的饥饿。原罪之路的师父们鼓励他们的学生去遵循自己的欲望，享受并

◎ 密党中的妥芮朵族通过感知精致的美丽与承受敏感的痛苦，试图得到一种极致的高贵的享受

沉溺于其中，感受新力量所带给他们无尽乐趣，而不是回避欲望。其他血族认为原罪之路的灰色祭祀们除了是肮脏污秽的腐败者以外，什么都不是，然而这群腐败者却很好地活着。毕竟，是否所谓正直者与奉献者们会害怕这些欲望所带给他们的快乐吗？或者他们应该指控这些欲望，因为他们也曾足够了解欲望？这些潜伏于他们内心的愿望，难道正代表着他们想从原罪之路中所得到的？

　　组织：原罪之路的组织结构是最为松散的，这是因为他们的目标本身就很多变。他们甚至有根据每个人的不同的欲望而导致每人之间都有分歧的可能性。他们会聚集起自己的信徒，包括凡人与血族。一些经历最丰富的罪人们会成为诱惑者与祭祀，将他人带到原罪之路上并教会他们如何释放自己心中的欲望和控制它们。而地狱来的使者们存在于这些罪人们中间，为他们的恶魔主人服务。伟大的罪人们会得到尊重，但他们不会因此而获得多少权力。尽管在血族中存在着许多谣言和盲信，但实际上原罪之路并没有什么总领导者，没有任何恶魔共谋着将所有其他人都推入腐败与迷乱的深渊。

以上五种心路就是血族社会中最具特色的、也是主要的心路。尽管每一种心路都有着引领信徒摆脱疯狂的共同目标，但它们都有各自的方式：有的心路用来抵抗心兽的力量，而有的寻求某些利用并改变心兽的方法。此外，每种心路都有属于自己的独特信条和原则：如天堂之路和人性之路追寻的是忏悔与救赎；心兽之路和原罪之路则会尝试满足心兽的欲望；而王者之路则关注于身为该隐之子而超越凡夫俗子的优越性。它们类似于不同的宗教派别，总是相互辩论与争吵，并且竞争着它们对于该隐之子的心与灵魂的影响力。而它们之间唯一的相同的之处就是：每一种心路都有自己克制心兽的方式。

◎ 吸血鬼形象

血族中的学者与高阶祭祀们认为，心兽之路与人性之路是最基础、最古老、也将永恒长存的两种心路。事实上，这两种初始的精神之道，都起源于血族体内残存的某种寻求克制的本能人性，或是心兽驱动下渴望拥吮他人的野蛮天性。其他的心路与道，则一般被认为是建立于这两种心路的基础之上。因此，所有的吸血鬼一般都被认为是选择信仰了这两种心路的其中之一。

事实上，除了这五种心路之外，还有许多相对来说比较少见的心路，一般都是为特定的氏族或是特定血脉的血族所创立，彰显各自的主张、理念与目标。其中包括：

血之路：这是中立党的阿萨迈族的创立

者所写的一种神秘的理论。教授他的信徒们：该隐之血是一种危险而强大的礼物，只有能理解血之路的人，才有真正资格使用它。他们狩猎和魔化其他吸血鬼，并且与他们为敌。

骨之路：遵循这种病态的心路的血族，大多是着迷于探索死亡的本质与灵魂的幻灭、血族的不死之身与前两者关系的一些血族。他们用解剖与分析等方式研究各式各样的死亡，并且思考死亡的本质。骨之路的信徒非常少，大多是阿萨迈族的血族，也有部分病态的棘秘魑族。

变化之路：深奥的变化之路是棘秘魑族所特有的思维领域，也是他们特有的变形艺术的结晶。它鼓吹自身的卓越性，而鄙视人类的怜悯到肉体的弱点的卓越性。他们认为身体只不过是泥偶，需要不停地变化以适应完美的精神。这种心路是低下的，只对棘秘魑族的恶魔们开放。

夜之路：踏上了夜之路的血族，将永远属于黑暗，并会思考血族的权利。他们同样会利用黑暗来诱惑其他血族，寻找出罪人，并惩罚他们。这样的心路信仰很适合影之王者们的身份，因此在勒森伯族中非常流行。

矛盾之路：这个带有魔幻主义精神的思维堡垒是属于雷伏诺族的。矛盾之路是一种对外界的曲解，是只有骗子们才能理解的东西。它的主旨强调所有的活物都有属于自己的独

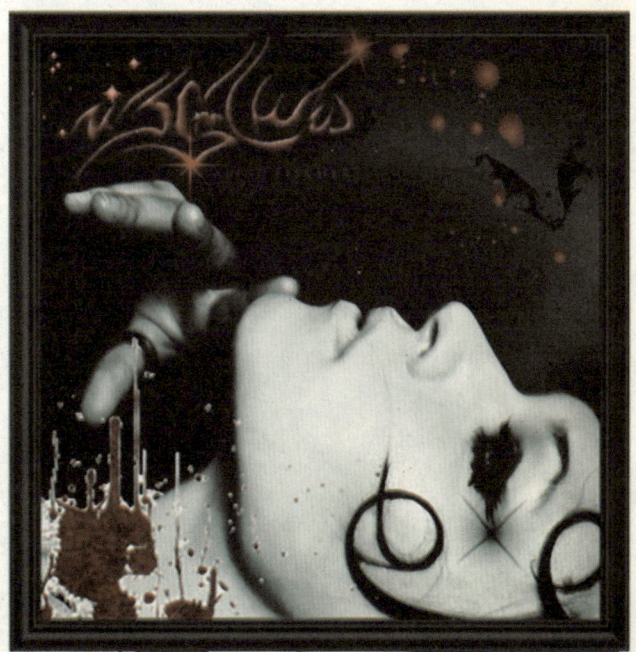

◎ 阿萨迈族

◎ 踏上了夜之路的血族将永远属于黑暗

特命运。拥吮则是一种利用创造基本矛盾的手法来干涉别人命运的手段，也是一种除去那些不遵从自己命运指引的人的方法。

狡诈之路：许多血族将狡诈之路视作原罪之路的一个道，但实际上这是一种独立的心路，信仰者大多为希太族的血族，如同伊甸园中的狡诈的毒蛇，他们揭露被粉饰了的真实，并诅咒粉饰本身。

知识链接

灰色祭祀

许多心路（特别是天堂之路）都带有浓厚的宗教色彩，而那些经历多次真实之刻的信徒，不仅要担任师父的角色，还要担任祭祀的角色。这些灰色的祭祀们，以他们自己的所知，照顾着他们所属心路的信徒们的需要，如着布道者，告解聆听者，师父与向导一般帮助信徒们。虽然他们中的一些人在被拥吮前就是牧师或是修士，但大多数都是在被拥吮后才发现了自己身上的祭祀潜能，从而选择了自己所属心路中的某个派别，开始行使他们的职责。

灰色的祭祀们在血族社会中有着一定的影响力，如同凡人牧师与学者在凡人社会中的地位一样。尽管心路与教会有着很大的不同，但高阶的灰色祭祀们却能拥有如同主教甚至是红衣主教们那样的权势，并且亲王与男爵们也会与他们为善，以及给予他们一定的援助。

第四章
吸血鬼的生死存亡

　　虽然拥有不死之身,但吸血鬼仍摆脱不了种种外因所带来的死亡与终结。他们的生死存亡直接关系到血族的发展及未来的命运,这其中,自然少不了各种形式的争斗与对立。

1 如何成为吸血鬼

◎ 在西方世界,吸血鬼集浪漫、神秘、高贵于一身,而且保持着永远不老的容颜

尽管吸血鬼的传说让成千上万的人感到恐慌和畏惧,但这并不妨碍它成为最诱人、最神秘也最浪漫的传说人物,因为在它们身上,具有一切不可思议的魅力:年轻、强大、永生不死……

在西方世界,吸血鬼集浪漫、神秘、高贵于一身,他们保持着永远不老的容颜,并且经常身着华贵的晚礼服出没于上流社会的晚宴,这比潜行于阴暗世界的其他鬼怪的生活具有更多的诱惑。正如血族社会里的一句名言:"如果能够得到永生,那失去太阳又算得了什么!"生而知命的人类无疑对于获得永恒的生命充满了渴盼,而吸血鬼则能帮助人们实现了这个梦想。

那么,一个正常人如何成为吸血鬼呢?在小说和电影的描述中,每个凡人在死后都可能成为

第四章
吸血鬼的生死存亡

吸血鬼，尤其是被开除教籍的人、自杀者、暴死者、巫师、早夭的孩子以及死后没有进行基督教葬礼的人；还有些人生来便注定死后会成为吸血鬼，比如出生时嘴里有牙齿或头上有胎膜的人，眼珠颜色极深或极浅、长着红棕的头发、类似出卖耶稣的犹大，或者身上有红斑的人。此外，与吸血鬼的结合也可以产生后代，并且上代的种种能力和特性都能够被下一代所继承。

还有一种普遍的说法是被吸血鬼吸食了鲜血之后，这个人就可以直接成为吸血鬼。这种方法经常会在一些文学和电影作品中看到，一般来说都是咬一次就行，但有些说要咬三次，还有一些说如果是被数个不同的吸血鬼咬，就无法变成吸血鬼。在奇幻小说女作家劳雷尔·K汉密尔顿的书中还提到，如果在被吸血鬼咬后用圣水清洗，就不会变成吸血鬼，但是会非常痛。

据说，被吸血鬼吸血的人，根据吸血量的不同，反应也会不同，被吸一点血只会变成吸血鬼的奴隶，如果血液完全被吸干了则会导致人失血而死亡。而要想成为血族的一员必须先经历死亡的过程。一般被吸血后，大部分人都会变成木乃伊的形态，其中如果有被吸血鬼看好的牺牲者，在被吸者完全死亡之前，吸血鬼会把自己的血喂给牺牲者，就可以将他发展成新的吸血鬼。换

◎ 初拥

句话说，一个凡人只有先被吸血鬼吸尽身上的血，然后马上接受吸食者身上的血液，当两种血液融和才有可能变成真正意义上的吸血鬼。这种血液融和的现象会带给被吸食者奇妙的感受，夹杂着惊惧与狂喜的情绪，充满幸福感，而对吸食者来说则是一个痛苦的过程，有如人类的母亲临产、婴儿初生。这个过程被称为"初次拥抱"，就像一种仪式，会让双方都永生难忘。在初拥之后，生死的界限被打通，被吸食者即成为吸食者的后裔，成为血族的成员。

变成吸血鬼后的形象大致与他们生前的模样相同，也就是停留在他们死亡时的状态。他们从此不再衰老、头发也不会再增长，就算被剪短，第二天也会恢复原状。他们的肉体实质上已经死去，转化成吸血鬼的最后一步就是将人类多余的体液全部排出体外。一般他们在被初拥后1个星期到10天左右就会出现獠牙，之后便会产生想吸血的冲动。与此同时，他们的皮肤会变得白皙，指甲看上去像是玻璃一样透明。一旦饥渴嗜血之际，他们的肌肤就会皱缩，血管就如同绳索一般环绕在骨骼的周围。

一个人在被初拥之后，通常还会保留自己的人性，在成为吸血鬼的最初，并不是真正邪恶的。他们会认为自己还可以像从前一样自由行动和生活，但同时他们开始害怕阳光和高温，无法在白天出门，同时强烈地感觉到自己对鲜血的渴望并且必须靠吸取周围人的血液生活，这些无法控制的思想会逐渐改变他们以往的行为方式。起初他们会试图对抗自己的行为，但到后来本性还是会占据上风，并习惯新的生活方式。最后，当他彻底明白自己已非常人时，就会远离繁华的地带生活，不与任何人接触。

由于他们本身的体质不会衰老，随着世界的不断变化，目睹着从前的亲人和朋友相继死去，渐渐的，周围的人类对他们来说就变成了一些陌生而渺小的生物，没有任何感情和理由去尊重和爱护人类。于是，他们开始藐视人类，并且对人类怀着强烈的嫉妒心，最后变成了真正的恶魔。

第四章 吸血鬼的生死存亡

◎ 通常在初拥的同时，施与者会对被初拥者烙上一种精神烙印

通常在初拥的同时，施与者会对被初拥者烙上一种精神烙印，被初拥者会下意识的承认施与者为自己的主人，并且在烙印的影响下对主人绝对的服从，这种服从并非来自于命令，更多的是服从于一种精神上的威压。

不过，根据吸血鬼密党的戒律，任何吸血鬼不能随意发展自己的后裔，而且每一名吸血鬼必须为自己后裔的行为负责。此外，吸血鬼在发展新成员时，对于成员自身的条件也有着严格的限制，凡是不符合条件的人都是一概不收的。

"初拥"在很多小说中都出现过，最著名的例子就是有着"吸血鬼女王"之称的美国畅销小说家安·莱斯的《夜访吸血鬼》，她在书中描述，人在被吸血鬼吸到快干时，然后喝下吸血鬼的血，就会以吸血鬼的身份重新诞生，与此同时作为"人"的部分就会死亡，而新生的吸血鬼的力量强大与否取决于所吸的吸血鬼的血，能吸食强大的吸血鬼的血就可以增强自己的力量。但在安·莱斯的书中，通过这个方式重生的吸血鬼与造主完全没有联系，也无法读心或操控，是两个无法影响对方的个体。而在其他的作品中，

就会有主仆之分或是造主小孩之分，造主完全有能力控制被造者。

除了"初拥"的方式之外，通过"血继"仪式也可以成为吸血鬼。"血继"是通过喝下施与者的血液，从而将被施与者转变成吸血鬼的一种仪式。血继后，被施与者会下意识认施与者为父亲并且继承它的姓氏，还能够同时得到家族的贵族身份。此外，"血继吸血鬼"还可以拥有这个家族与生俱来的能力，比如传说中能化身为蝙蝠、消散为血雾等血族特有的魔法。

通过"初拥"和"血继"变身而来的吸血鬼在血族社会里地位是不同的，通常"初拥"过的吸血鬼被认为是最下等的，并且不会被其他"血继吸血鬼"认为是族人。而"血继吸血鬼"则是种族中的贵族，它们除了在能力上限上比初拥吸血鬼要高很多，同时也拥有"繁殖"的能力，也就是可以对其他人施与初拥和血继。但初拥吸血鬼如果在没有被赋予家族烙印的情况下，就不能继承初拥施与者的姓和贵族的身份，也没有"繁殖"的能力，生命的长度比血继吸血鬼要短得多。

在一些文学作品，还有一些比较独特的变身方法，例如在英国小说家向达伦的作品中，交换血的方式是划伤十指

◎ 有着"吸血鬼女王"之称的美国畅销小说家安·莱斯

贴住吸血鬼的十指让循环血液,所交换的血的量可以决定被造者的强度;吸血鬼与人类的性交过程中,在高潮时咬人类的脖子吸血,也可以将对方变为吸血鬼……这些都是一些比较另类的方法。

除了借助吸食人类发展新的成员,吸血鬼自身也具有生殖能力,可以通过怀孕来繁殖下一代,他们怀孕的周期也和人类相同,不过怀孕的概率十分低。

1985年,有位自称是"前"吸血鬼的女性玛德琳出版了一本12页的小书《如何在六堂简单的课程里成为吸血鬼》,书中详细解说了如何在六天里的六堂课通过道具及仪式成为吸血鬼的方法,不过这本书目前在美国各大书店都是绝版状态,据说可以在一些吸血鬼的网站购买到。

玛德琳在与出版社的谈话中,自称已经以吸血鬼的身份存活了数百年,因为爱上了一位人类的男子才变回了人类,但这位女性也在书出版之后消失无踪,因此有关于她的故事及成为吸血鬼的真实性很难得到判断。

在现实社会中,有一种有关"病毒感染"成为

◎ 怪异的吸血鬼

吸血鬼的说法来自于科学家们对吸血鬼的研究。1616年，意大利的一位科学家出版了名为《Treatise on Vampires》的书，书中指出吸血鬼嗜血的特性是由一些微生物病源体引起的。但这位科学家被人们视为异端被烧死在火刑柱上。然而科学却并没有烧毁，后来的科学家们经过多次研究，宣称找出了导致吸血鬼化的病毒和人被吸血鬼化的元凶——HVV嗜血病毒。

研究的结果指出：HVV病毒属于单分子负链RNA病毒，这种病毒具有非节段负性缠绕的RNA基因组，病毒的形状类似于子弹。这种病毒的自然宿主是一种寄居于蝙蝠特别是吸血蝙蝠身上的跳蚤Xenopsylla cheopsis，当蝙蝠被带跳蚤咬过之后便感染上了病毒，而这些带菌蝙蝠在咬人或动物时，便会将病毒传染给人类和牲畜。从理论上说，只要发生了体液的交换，就有感染的可能，几乎被感染者咬过的伤口都有病毒传播。那么换句话说，只要找到HVV病毒的病原体，就能够成功的通过感染转变成吸血鬼。也许就因为这个原因，很多影视作品往往把吸血鬼和蝙蝠联系在了一起。

据说人从"感染"到变形成为吸血鬼的整个过程可以分为三个阶段：第一

◎ 据说人从"感染"到变形成为吸血鬼时会出现头痛、发烧等类似感冒的症状

第四章
吸血鬼的生死存亡

阶段是感染期，在被病毒原体咬后的几个小时内，人会出现头痛，发烧等类似感冒的症状，这是由于肌体的免疫系统在起作用。这个阶段大约历时六到十二个小时。在这阶段，只要病人服用解药或疫苗，基本可以百分之百的痊愈。

第二阶段是昏睡期，在二十四小时内，患者会进入一种昏迷的状态，脉搏变慢、呼吸变浅、瞳孔会扩大。很多进入这种状态的人都会被误以为死亡而被活活埋葬，也因此会出现"吸血鬼睡在棺木里"的谣传。虽然大多数人都认为只要感染 HVV 后就会变成吸血鬼，但事实上只有少部分人能够在昏睡后醒来，比如 18 至 35 岁的成年人，而老人、小孩和体弱的人都不会再醒来。这段昏睡期大约会持续一天，在这个阶段，服用解药的治愈率只有百分之五十，昏睡得时间越长，治愈的几率就会越低。

最后一个阶段就是变形期，如果患者能够成功地渡过昏迷期，就会变成一个真正的吸血鬼，这个时候任何解药或疫苗对他已经没有任何作用了。大部分吸血鬼会在转变之后的二十四小时内就会去寻找自己的猎物。

不管是哪种方式、以哪种途径成为吸血鬼，只要一旦变身血族成员，整个身体的组织就会发生很大的变化。例如：牙齿变得尖利并且可以任意生长；由于心脏停止了跳动，体内的血液就会以扩散的方式流动，而微血管也不再饱含血液，因此皮

◎ 只要一旦变身血族成员，牙齿会变得尖利并且可以任意生长

肤会变得特别苍白。当血族受到伤害时，体内的血液会集中在伤处，泛出紫红色，并且很快治愈伤口。

在血族的体内，就像居住着一头野兽，当饥渴的欲望爆发，便可能无法自制地陷入狂暴的状态。许多新的血族成员在还没有完全沦入兽性的时候常常会挣扎不已，"身为怪物，却又拼命制止自己更像怪物"就是他们内心深处的矛盾冲突，他们试图在人性与兽性之间找到平衡点，甚至相信终有可以还原成人类的途径。然而血族之身已成事实，救赎的可能极其渺茫，最终只能逐渐堕落，成为丧心病狂的野兽。

总之，成为血族之身，不只是身体上被转变，心理上、精神上都将同时遭到扭转，随之而来的是永恒的挣扎，这不是血族自己能控制的变化。

换言之，成为血族，未必是人类想象中的那般诱人，而往往会是悲剧的开始。

传说吸血鬼不收的几种人

1. 没有贵族血统的人。
2. 虽然有着贵族血统、但却是由近亲结合的产儿。
3. 玩弄食物的人。

吸血鬼吸血的目的是为了生存，而不是为了杀生，更不是蔑视生命，在带走人们灵魂时一定要让他们快乐。

4. 不讲究形象的人。

一旦成为吸血鬼将是不死之身，而形象对于吸血鬼来说十分重要的。

5. 见异思迁、对感情不专一的人。

他们会为了一时的性快感做出有害于族群的事，会让很多不地道的人进入吸血鬼的队伍。

6. 争夺权力和财富的人。

成为吸血鬼以后，只有时间是永恒的，而其他的地位、名利、金钱都是过往云烟。

2 如何识别吸血鬼

早期为了防止受到传说中的吸血鬼的侵犯和伤害,人们采取了一系列的方式来识别和判断吸血鬼。最初,人们只能简单从三种人中进行识别,包括:异乡人、害怕阳光的人和行为怪异的人。当来历不明的陌生人来到某个地方后带来当地人的连续死亡,那么这个人的身份就十分可疑;在害怕阳光的人中,排除掉一些疾病原因,剩下的就可以怀疑是吸血鬼;一些害怕圣物、夜猫子或不吃东西的人都具有吸血鬼的特征。

◎ 怕光的人会被怀疑是吸血鬼

然而,由于吸血鬼的形态在不同的国家、地区都是各不相同的,往往很难简单地进行识别,于是又发展出许多不同的标准和方法,包括一些迷信和宗教方式等。在西方文化中流传最多的迷信中,有关吸血鬼的预防大致分为三个阶段:第一个阶段是他们刚出生的时候,第二阶段是他们去世的时候;第三阶段是在他们灵魂出窍后不久,处在一个既不属于生、也不属于死的中间世界。根据这三个阶段,人们总结出了三种识别吸血鬼的方法。

第一种方法是通过使用一套标准来辨别一个人的行为,从而识别真正的吸血鬼身份。在早期社会中,其中最主要是通过一些形象特征来识别魔鬼,例如在中欧,跛脚走路的人、有着钢牙、生有红发或脸色血红的人,都被怀疑为吸血鬼的化身;在印度,任何外表丑陋、缺少一根手指、或是有动物肢体等等的人都被怀疑为吸血鬼;在斯拉夫人中,成语"红得像吸血鬼"指某人脸色红彤彤,而"胖得像吸血鬼"形容某人十分沉重。这些特点使人能够辨别外来的吸血鬼,也就是不属于村庄的异乡人。此外,生前从事屠夫或制靴匠职业的人,也被认为具有吸血鬼的特点。

除了成年人,一些可疑的新生婴儿的出生迹象也会成为吸血鬼降临的不祥的征兆,例如:婴儿自出生来就有胎膜、尾巴的,以及在洗礼之前非正常死亡孩子都被认为有成为吸血鬼的可能;另外一个家庭中连续诞生且性别相同的第七个孩子、或者非婚生婴儿也可能会变成吸血鬼。如果一个怀孕的母亲不吃盐,或者怀孕的妇女在路上见到一只黑猫,那么她的孩子就可能成为吸血鬼;当一个婴儿被怀疑为吸血鬼,而人们又不知道孩子父亲的本性时,那么他们的父亲很可能就是与妇女发生性关系的鬼魂,或者是来历不明的妖精,属于恶魔家族的魔鬼。不过,这

◎ 吸血鬼

些迷信有很多是教会为了让自己教民守规矩而编造的。

据传说，1565年，在贵族弗拉提斯劳斯·德·贝恩斯坦管辖的施密兹村里，有位妇女生下一个没头没脚的怪物：他的整个身体呈现出肝一样的红色，浑身像油脂或肉冻一样颤抖；在他的胸脯靠左肩的地方，生有一张张开的嘴巴，靠右肩的地方生有只耳朵；他没有手指、只有吸盘，就像一只巨大的青蛙，当接生婆把他放在木盆里给他洗澡时，他发出可怕的叫声。许多人都来到教堂前观看这个怪物，然后把他埋在专门埋葬没有受到洗礼的死孩子的地方。他的母亲不断地向人们请求把这个可怕的孩子挖出来彻底清除掉，因为这个孩子是她与一个化成她丈夫形象的魔鬼所生，所以必须把属于魔鬼的还给魔鬼。

◎ 妇女生下的怪物就像一只巨大的青蛙

最后，人们听从弗拉提斯劳斯的命令，把这个孩子挖出来交给刽子手，让他到村外焚烧。这个事件后来被教会作了解释：死者回来看他的妻子，并和她生了个孩子。幸亏人们采取措施把未来的祸害斩草除根，婴儿没有来得及变成吸血鬼，村民们也因而得救。

第二种识别吸血鬼的方式是通过一个人的死亡形式进行判断，并且在死亡和入葬时进行防范措施。当人们对某人的死产生怀疑，可以求助专家对死者的尸体进行检查，专家通常为接生婆，她备有让死者不再回到人间的一切所需。据说在希腊,由一种叫做 alaphostratos 协助神甫的人来识别。如果一个死者的尸体始终保持着柔软状态,皮肤呈红色,眼睛睁开或半闭着,这样的迹象就是极可为可疑的。1748 年,一个名叫格罗瓦齐的农庄仆人死在西里西亚的某农庄,到了第二天,他的身体还没有僵硬。不久便传说这个仆人又回了农庄,纠缠其他仆人和女佣。1779 年,一张西里西亚报纸报道,有人来到一户刚死过人的家里,他觉得那一家人显得极为恐慌和不安,后来他了解到,这是因为死者的尸体没有僵硬,家人很担心会对其他人产生影响,甚至会导致某个人很快死去。

还有一种结论认为,如果坟墓里的尸体浑身赤裸,就可以断定是吸血鬼。1572 年,在波兰,当人们打开海族尔一个妇女的坟墓,发现她赤裸着身子。于是人们断言她把自己的衣服吃掉了。此外,还有一些传说,胡子、头发、皮肤和指甲的新生,都是吸血鬼的明显标记。有时,有人甚至声称吸血鬼的手掌长满了毛,以此来

◎ 20 世纪初有关接生婆的画,人们可以通过接生婆来识别吸血鬼

强调他与常人的相异。

1800年，一位德国的牧师斯坦克什对自己女儿的死作了记载，他写道："要特别小心不让衣带或衣服靠近死者的嘴部，否则她会在坟墓里咀嚼，直到家中有个人去世。"

人们最担心的可以说是"死亡的传染"，其形式多样，吸血鬼只是其中的一个方面。在对18世纪和19世纪德国记载的1500种信仰进行分析之后，人们得到了一些特别值得留意的死亡迹象："当尸体的脸色红润，他的一个朋友不久就会死去。不可以让眼泪掉到死者身上，否则他就不能得到安息。分娩时死去的女人，得给她剪刀和装着针、顶针、线和线团的缝纫盒子，否则她会回来找这些东西……"

◎ 装有剪刀、针、线和线团的缝纫盒，通常要给分娩死去的女人准备这样的盒子

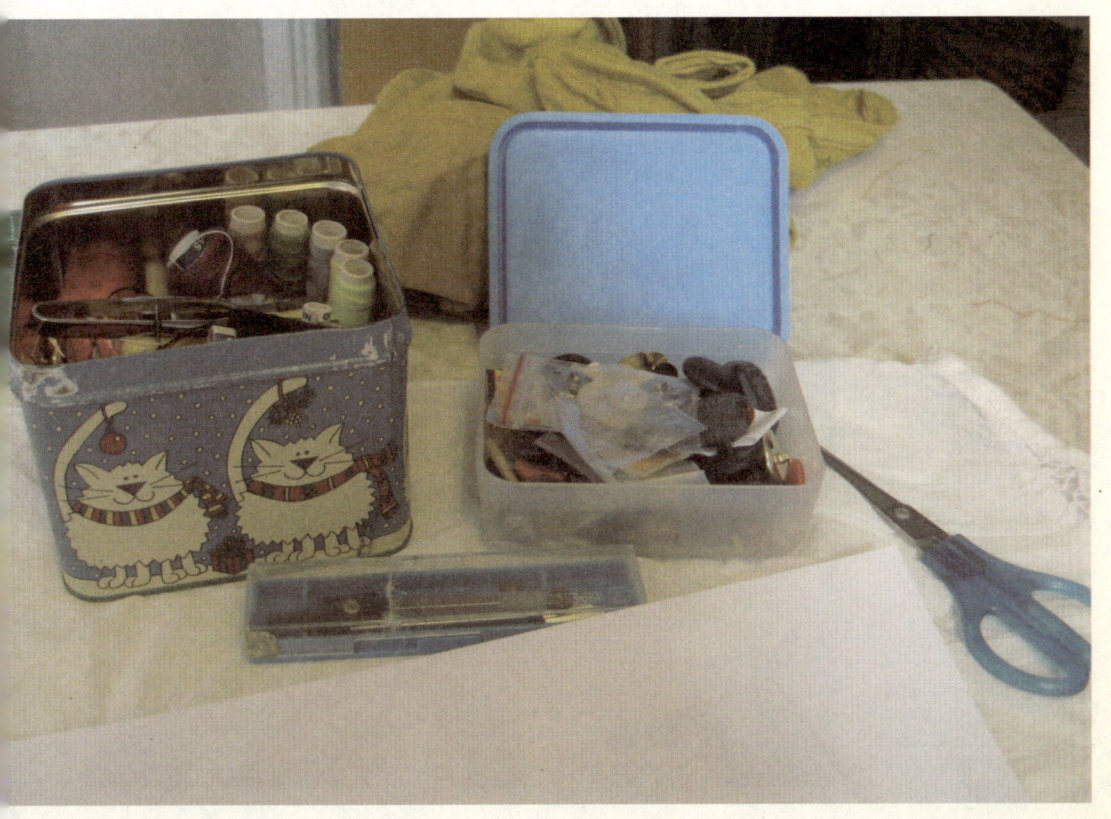

为了防止死者变成鬼魂和吸血鬼，人们会在给死者入葬时采用各种不同的方法来对待他的尸体，其中包括：咬尸体的大脚趾，让他永远不能回来；为死者守灵，以防止邪恶的妖精蜂拥而至，并提防一些渴望得到巫术配料的女巫；为了让死者迷失方向，在他的房子和墓地之间兜上成千趟圈子，让他跨过流水或穿过十字路口；有时，人们把大蒜放在死者口里或肛门里，或者把石子、豆子、麦粒放在身体有开口的地方；在棺材里放九块小石头、蔷薇花、草席、盛玉米粥的勺子；在胸口处放山楂木制的十字架；同月生日的兄弟如果还活着，就得进出他死去兄弟的坟墓三次，以预防被他吞吃；将焚香放在死者的眼睛、鼻孔和耳朵里，让他看不见、不能呼吸、也听不见撒旦的声音，这些措施都基于这样一个信仰：魔鬼占有了尸体，并操纵着尸体。

不同的地区，入葬的方法也会有所不同。在中世纪的欧洲，人们会砍下死者的头，把它放在坟墓里死者的脚边；在瓦拉士，人们则在死者的头上放上一块大石头。在格但斯克，人们将死者

◎ 蔷薇花

第四章 吸血鬼的生死存亡

埋在一个十字路口，并且将死者的头被砍下放在他的腋下，有时还会在脖子和砍下的头之间筑上一堵矮墙。在靠近冈德贤的地区，人们会把死者的舌头钉在他的嘴巴里。此外，在其他的一些地方，有人采用钉十字架的办法：手脚被钉在棺材里，尸体被一根木桩或一根长针刺穿。有时，死者被完全钉在棺材里，一根尖木桩彻底穿透棺材。

除了民间的方法，教会的方法也十分众多，如护身符、浇洒圣水等。最经常被引用的护身符是一种"圣吕克纸"。浇洒圣水是把圣烛台上的蜡灌到尸体的肚脐眼里，把三支小的蜡制十字架，或者是盐，放在他身上；或者在死者的身边放置金属物品，如铁熨斗、张开的剪刀、钥匙、镊子、镰刀。有时人们还会在棺材盖上放一把沉重的斧头、一块石头或锡勺。在丹麦，人们把死者的两只大脚趾用红线绑在一起，或者，在用针钉入脚掌后，把他的双腿用黑丝线绑在一起。这些预防措施显然是为了防止死人的自由活动：把他的手铐在背后，把他绑在抬尸架上。对于这些仪式，13世纪孟德的主教纪约姆·杜朗作了如下定义：那不是为了"宽恕死者的罪孽，而是为了驱逐在场的恶魔"。

在德国、匈牙利，诺曼底、洛林和朗格多克等地区，有一种特殊的入葬方式为

◎ 裹尸布

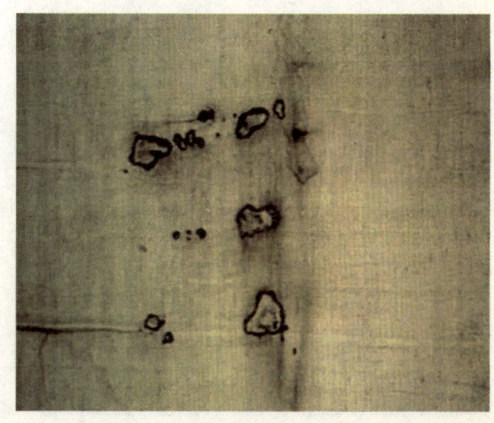

考古学家们所熟悉：腹部朝下、嘴朝土的入葬方式，它出现在新石器时代，是最古老的方法。据说嘴巴朝着泥土安置尸体的方法可以转移邪恶之气，让死者不能离开坟墓，而是往土里越陷越深。另外，如果死者是个咀嚼鬼，他首先吞吃的是泥土，人们因此得救。

在罗马尼亚，如果人们怀疑某个死者，就在他的裹尸布里插上一支带刺的树枝，那么这支树枝会在死者想离开坟墓去游荡的时候钉住他，或者用钉子钉进死者额头、用针刺进尸体、在尸体嘴里放蒜，以此来防止死人变成吸血鬼；在莫卢瓦乌，要在死者的坟墓上浇半日花的煎剂；还可以向死者提供一项足可以让他忙乎的活动，比如在他的棺材里放上一些罂粟籽，要想从坟墓里出去必须先数完罂粟籽；或者给他一只长筒袜或一条网，得把网眼完全拆散才得出去，由于每年只能拆一个网眼，就可以确保活人有好几年的清静日子。

如果死者是吊死的，就是相当严重的恶死，必须在他的坟墓里放置用过的绳子和房梁，否则死者就会在夜里回来敲窗叫喊："给我木头！"如果不照他说的去做，人就不能得到安宁。如果死者是个边缘人，就得把他运到远离村庄的地方，并且连续埋葬在三个十字路口，如果这还不够，就得把

◎ 游戏中的巫师形象

◎ 女巫

他烧毁和清除。

如果死者是个巫师,就得同时使用好几种方法。要用一张鹿皮包住巫师的尸体,然后放在石棺里,用铅和铁把盖子封住,用最沉重的铁链把这大堆石头缠绕住。晚上,要唱五十遍圣诗,同日,要做同样数量的弥撒,以防其对手忽然出现。如果能够这样安全地度过三个晚上,才可以将巫师下土埋葬。显然,这是教会式的。在教会的象征体系中,鹿的皮应当能阻挡所有的不祥之物,是真正的避邪符,甚至是一件驱邪物。而铁链除了有锁铐的作用,还有另一层众所周知的含义:邪魔。

第三种辨别吸血鬼的方式是通过坟墓来判断,但这种方式只有在人们确定周围有吸血鬼活动时才能采用。首先要识别出掩藏吸血鬼的坟墓,

然后打开坟墓，用斩草除根的方法把吸血鬼消灭。在电影中或文学中，吸血鬼的坟墓多为荒墓野冢、废弃的房屋、残破教堂的地下墓室。而在现实记述中，一切都发生在人们熟悉的地方，根据每个村子的地形而定。

在吸血鬼迷信盛行的时候，为了识别出吸血鬼的真实居所，人们会集合在墓地，让一匹毛色纯黑或纯白的公马或公牛（或者一只公鹅）走过墓地所有的坟墓，如果牲畜拒绝穿过一座坟墓，那么村民们就能确信该坟墓里有吸血鬼，就能把他杀死。在瓦拉士，人们会挑选一名童男，由他来驾驭这匹公马，同时这匹马也必须从未交过尾。如果坟墓里有吸血鬼，马就会直立起来。

在中欧的一些地区，人们认得出吸血鬼的墓穴，因为在坟墓的附近会有小洞口或洞眼，吸血鬼可以通过小洞口进出或者化成雾气从洞眼里出来；在匈牙利，人们还能够在吸血鬼的坟墓上看见一些"类似灯光的暗光，但又不如灯光亮"的闪烁之光。

知识链接

女 巫

女巫一词，本意为"有智慧的女性"，后来引申为"魔女"、"妖妇"等。在人类社会的童年时代，巫术是一种控制大自然力量和意念移物的魔法。

在中世纪的欧洲，人们普遍相信：每天夜里，女巫们会在自己身上涂上用婴孩炼成的"魔鬼油"，然后穿过裂缝和锁孔，滑上烟囱、骑上扫帚柄、纺锤或飞船飞走，飞到恶魔们的集合地去参加女巫聚会。心怀邪念就会遭到恶魔的引诱，妇女小产和行为放荡常被视为遭受到了女巫的巫蛊，冰雹、歉收和疾病也由女巫造成。

3 吸血鬼的死亡

据说，正如人类的死亡方式分为自杀和他杀一样，吸血鬼也一样。

在漫长的时间内，忍受寂寞、枯燥的生活，就是高贵而又善变的血族也忍不住产生自杀的念头。但是，因为身为撒旦的子民，从诞生起就匍匐在撒旦的脚下，是很难有能力挣脱束缚，做出违反本能的自杀手段的。而且，即使在强大的刺激下挣脱束缚、自杀而亡，也是十分难看狰狞的死法，因此很少有血族会选择这种不高贵的死法的。

那么，吸血鬼常用的"自杀"方式是什么呢？其实，就是培养一个比自己强大的血族，让对方来杀死自己。但在血族社会中，杀死同族的罪名是非常大的，足以让其一生处于逃亡之中。因此，他们一般他们会选择与自己对立或积怨较深的血族，并且在漫长的岁月中不断刺激对方，毁坏他们的生活让他们对自己产生强大的恨意，以达到消灭自我的目的。不过，作为高傲的种族，血族通

◎ 吸血鬼常用的"自杀"方式就是培养一个比自己强大的血族，让对方来杀死自己

常是很难允许别人比自己强大的，因此，如果一个血族有意识地做这些事情并任由对方超越自己，那么这种行为基本上可以定义为是一种"自杀"的方式了。

至于他杀，因为血族拥有强大的力量，如果想要消亡一个血族，在文学作品中，除了通过圣力就是战争了。在文学作品中，除了血族内部的战争之外，人类大面积的攻击对于吸血鬼也是极大的威胁。但一般的武器对吸血鬼来说并不能形成有效的打击，因为他们的身体都具有惊人的再生能力，被割下来之后还能在瞬间再长出来。不过一些特殊的武器和子弹可以显著降低他们的再生速度，并且能对他们产生一定程度的伤害。对付吸血鬼的武器散布在世界各地，它们的威力随着不断的更新而日益增大，如今所有的武器都是以前辈们的记录为基础研究制作的，对吸血鬼来说是相当致命的，伤亡自然会在所难免。

除了武器，吸血鬼还有一些致命的弱点和死穴。从古至今，人们记录了各种对付和杀掉吸血鬼的方法。据说，最古老的杀死吸血鬼的方法在12世纪末纪约姆·德·纽百利(1136～1198)的《传闻》中有着详细

◎ 传说十字架可能会暂时抑制吸血鬼

第四章 吸血鬼的生死存亡

的记述：两个失去父亲的兄弟，因为痛恨那个制造瘟疫让父亲暴死的魔鬼，决定处死那个祸害。他们将魔鬼的尸体从墓地里挖了出来，然后拖出镇子，燃起了柴堆。接着，他们用锄头砸开尸体的胸部，将心脏掏出来，顿时心脏裂成了碎片。再随着尸体的烧毁，这场肆虐的瘟疫终于平息下来。在这个处死吸血鬼的过程，心脏被看作是身体的"发动机"，如果不取出心脏，尸体就焚化不了，不过，这只是许多方法中的一种。

很多资料中表述，大蒜、圣水和木桩等可以用来

◎ 据说若将吸血鬼埋在教堂附近，那他就绝对复活不成了

杀死吸血鬼。此外，如果有人拥有极端强烈的宗教信仰，有可能用十字架暂时抑制吸血鬼，但是吸血鬼绝不会因此而死亡。

木桩是东欧地区用来对付吸血鬼的最佳利器，为了斩草除根，必须地将木桩用力插入吸血鬼的心脏，才能成功的杀死他。不过在另一些传说中，木桩对吸血鬼也毫无作用，即使是木桩钉进吸血鬼的心脏，也只是让他暂时麻痹，当木桩被拔除后，他们便又可以随意行动了，因此要彻底毁灭吸血鬼的话，先用木桩刺穿吸血鬼的身体，再斩去他的脑袋，然后将大蒜塞到嘴巴里，这三项要同时进行。

有时候吸血鬼被杀后，还得将他的心脏挖出来，否则还是会有复活的机会。然而还有传说认为将吸血鬼的心脏挖出来只是让他呈现假死的状态，如果有人将心脏再次摆放进身体，吸血鬼又会再度复活。因为吸血鬼是靠血液维持生命的，心脏对吸血鬼来说非常重要，如果没有心脏来推动血液，吸血鬼就无法作乱吸食人血。因此大部分传说指出要真正消灭吸血鬼，就一定要先刺穿或挖出吸血鬼的心脏，将挖出来的心脏切成四块，分别埋在十字路口或教堂附近，这样吸血鬼就绝对复活不成了。

在俄罗斯，人们使用的木桩的材料是用来制作十字架的山杨木，其他国家多半用山楂树木，让人联想起耶稣受难时所戴的荆冠。此外，在南斯拉夫的达尔马提亚地区、及阿尔巴尼亚的人，会使用被牧师祝福过的匕首来斩杀吸血鬼。

罗马尼亚人斩除吸血鬼的方式叫做"大修"，通常是在拂晓时分进行。主持仪式的人将木桩刺进吸血鬼的心脏，用掘墓铲砍掉脑袋，然后把尸体烧成灰，再把骨灰随风散掉或者埋在两条路的交叉口，防止吸血鬼的复活。为了把受害者从吸血鬼手中救出来，罗马尼亚人还创作了一些"驱魔咒"，然后在煎药时吟咏三遍，念完一段后要用牡丹的纤维与黑母鸡在星期六黄昏时下的蛋一同喝下去，然后再念一段咒语。

到了19世纪，传说人们会通过射穿棺材来杀死吸血鬼。有时候还会将尸体肢解并烧掉，最后混上水，交还给家庭成员。另外还有一种说法，认为吸血鬼的血液是他们力量的所在，他们的血液并不像人类一样很快恢复，所以，放掉他们50%以上的血液也是杀死他们的办法之一。

虽然传说中关于致死吸血鬼的方式各有不同，但最统一、也最容易的一种说法就是暴露阳光下。人们认为，吸血鬼真正害怕的东西就是阳光，尤其是正午的太阳，没有任何吸血鬼能真正经受得住阳光的暴晒。虽然对于一部分高等级的、异能强大的吸血鬼来说，他们可以对阳光具有微弱的抵抗力，并且能够维持在太阳下不死，这些可以在阳光下横行无阻的吸血鬼被称为"日行者"，但在阳光下，他们的能力还是会有所下降，而且与阳光的接触仍然不能超越"常规"的范围。

据说吸血鬼一旦被太阳照射，已经死去的身体表面细胞（就是在死亡之前停止脚步的细胞）的消灭速度就会增强，过一段时间会跟烈火焚烧一样，全身燃烧，最后变成灰烬。这种现象在越是古老的吸血鬼身上就越明显，而刚变成吸血鬼的肉体只会留下很少有损伤的尸体。对阳光的恐惧，常常会使血族无法自制地狂暴、四处逃避。另外，高温也会严重影响吸血鬼的思维和能力，白天的温度对他们也有着一定的克制作用。因此，

◎ 据说吸血鬼真正害怕的东西就是阳光

吸血鬼通常都在夜间行动。

那么，为什么太阳光拥有可以消灭吸血鬼的能力呢？许多研究吸血鬼的学者都认为，吸血鬼之所以于死后还活在世界上，是因为他们的血液中有某种病菌让他们在死后血液还能继续流动，心脏会继续跳动，因此能够死后再复活。而太阳光中就拥有能净化吸血鬼血液中神秘成分和杀菌的功能。

此外，金属银也是属于可以净化的物质，因此一般被普遍应用在杀死吸血鬼或其他邪恶的生物上。传说银本是月亮女神所创造出来对抗黑暗势力的一种金属，它在夜晚可以吸收月亮的光芒而闪烁。在中世纪，大部分护身符都是由银所制，就连女巫也相信银制作的饰品拥有其他金属所没有的能力。

为了对抗邪恶，银被打造成各种各样的武器，其中最常见的有银子弹、银刀、银椎或其他银制的利器。虽然有些非银制的武器攻击吸血鬼也是有效的，但由于吸血鬼的内在体质修补伤口非常迅速，只有银能够减缓伤口的复原速度，甚至造成血液毒化。因此，银制的武器被广泛用于消除吸血鬼的战争。同时也有不少被制作成护

◎ 银器是可以净化的物质，据说可以用来杀死吸血鬼

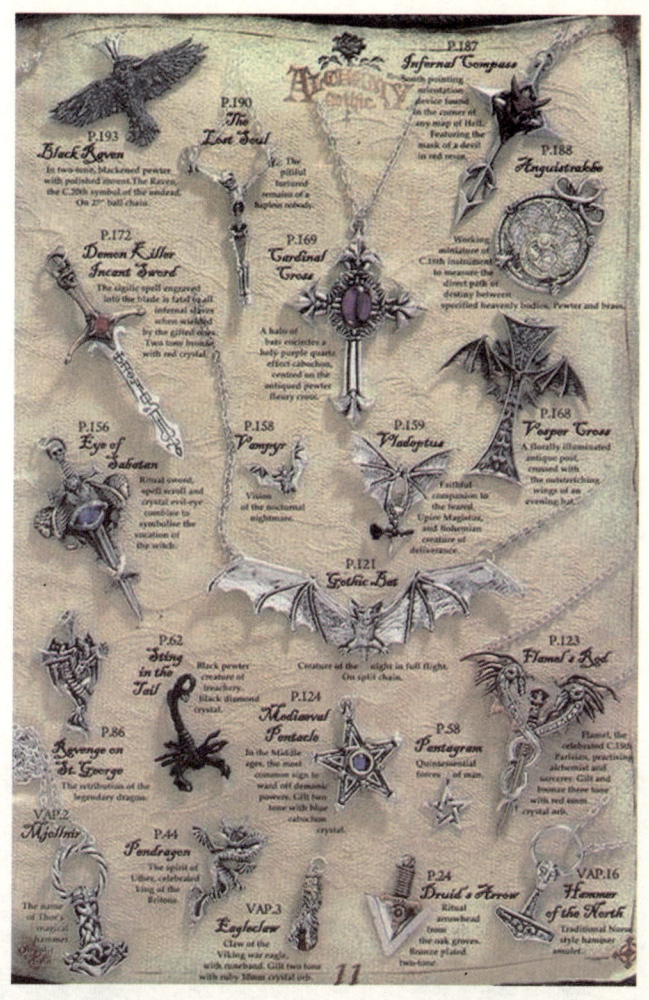

◎ 各种银制的十字架、护身符、饰品

身符之类的避邪物来防止吸血鬼的加害，如银十字架或银饰品。人们用银制的钉子钉住棺材、或者将银饰品放在可能会变成吸血鬼的人的墓前，防止他们逃出……

不过，吸血鬼畏惧银的程度与他们的年龄和银的纯度有关。如果是纯度不高的镀银的子弹，只会对年轻的吸血鬼新人有杀死力，对于年长的吸血鬼并没有致命影响。相反，银的纯度越高，威慑力就越大，只有纯银的子弹和兵刃才会造成吸血鬼的重伤和死亡。

4 吸血鬼的战争

有关吸血鬼的战争，最早来自于他们的内部的争斗。

据传说，为了提高各自的神力，吸血鬼内部开始争勇斗狠，并且大肆屠戮生灵。其中，第二代吸血鬼中有一个天赋异禀，他杀死了自己的父母，并且吸食了他们的鲜血，结果发现血族的血不但可以使凡人永生，还能使血族登圣，成为吸血鬼之王。

◎ 有关大洪水的名画

第四章
吸血鬼的生死存亡

由于吸血鬼家族成员日盛，良莠不齐，为了提高各自的神力，获得强大无比的力量，其他的血宿也都无情的消灭了他们的父辈。此后，第三代吸血鬼反目成仇，每个人都想吸食另外十二血宿的血，以达到血脉最终的一统。他们分别建立了自己的势力，并且不断收买人类作为自己的爪牙来互相抗衡。于是，一场血宿之间的战争开启了，这场史无前例的内战被称为"千年圣战"。

由于连年征战，不但十三血宿伤亡惨重，也严重波及人类和其他动物。战争空前激烈，造成血族成员的大量伤亡，老一辈成员伤亡殆尽。

神对十三血宿的所作所为感到愤怒，为了净化被污染的世界，神发起了一场洪水，夷平大地，仅使一个忠实的信徒诺亚逃进方舟，使人类得以延续。并希望可以借此机会消除十三血宿。然而洪水并没有使血宿消亡，但他们也

◎ 诺亚方舟想象图

因此身受重创，陷入了万年的沉睡期……

为了继续圣战，十三血宿各拥一族（第四到第六代），成立了各自的氏族，称为十三血族。每一氏族都继承了创造者的特质，因而各不相同。

他们都想让自己的氏族为自己统一血族，但是一些后裔们更愿意保持和平相处，他们彼此结盟，将先祖抛之脑后。重伤未愈的十三血宿气恼难当，发誓在重临天下之时将背叛者铲除净尽，他们愤怒地诅咒那些背叛的氏族后裔们："当我们苏醒时，大地将因我们的愤怒而燃烧，天空将永坠黑暗，你们那些叛逆们将承受永世的血火煎熬。"

大约公元1000年到公元1600年期间，在血族内部发生了严重的分歧，被称为"分裂的时代"。一些吸血鬼不愿接触人类，他们想要建立独立的吸血鬼世界；而另一些却狂热地想要夺取人类的土地，他们把人类视作低人一等的种族。于是分裂不可避免。当时约有一半的吸血鬼家族成立了密党联盟，密党联盟以六条戒律约束内部成员，他们认为吸血鬼应该不与人类发生任何接触。约有四分之一的吸血鬼成立了魔党联盟，他们认为人类是一种低级生物，他们掠杀人类，夺取他们的土地，甚至对于其他联盟的吸血鬼也不放过。最后的四分之一的吸血鬼则成了中间派，在两者之间充当缓冲作用。在血族分裂的六百年里，发生了无数起大大小小的战斗和冲突。

◎ 行尸

◎ 吸血鬼之间的战争

  魔党同样以鲜血为食，但他们血统污浊，相貌丑陋、神力怪异。他们的血液如毒液般无法给人以神力与永生，凡是被他们撕咬过的人类都会立刻变为行尸，没有任何意志，完全听凭创造者的摆布，与它的创造者结为一体，共享生命。

  魔党自诞生之日起便将血族与人类卷入了无休止的混战之中。他们一心崇信着血宿的觉醒，认为只有履行"圣战"的承诺，才是使血宿提前复苏的唯一方法。在魔党看来，"圣战"囊括了

一切的历史事件。因为在他们眼里任何的战斗都属于千年圣战的一部分，即便是一个人类的心理斗争。

大多数的血族对血宿的末日传说又恨又怕。虽然他们表面上否定血宿的存在，心里却对末日的临近坚信不疑。为了使血族永远延续下去，他们供奉圣器，对魔党发动了清洗，并且认为这是巩固权力和树立威望的重要步骤。

除了来自血族内部的战争之外，血族与人类的战争同样永无止息。千百年来，在有关吸血鬼的传说中，人类和吸血鬼的战斗从没有停止过。

在文学作品中，人类世界第一次发现吸血鬼家族的存在是在1484年，当时整个欧洲处于吸血鬼的战争之下。吸

吸血鬼猎人

在文学作品中，吸血鬼猎人大多拥有悲伤的回忆，他们当中有的因为美满的家庭被吸血鬼破坏，也有自己心爱的人被吸血鬼所杀或吸伤成为吸血鬼。他们作为上帝虔诚的信徒，经过专门的训练，拥有超越常人的智慧和勇气。他们搭起火刑架，让无数吸血鬼灰飞烟灭。可以说，吸血鬼猎人是人类与吸血鬼直接交锋的群体，也是对抗黑暗的王牌军团。

在基督教信仰的地区，吸血鬼猎人身上的行头多半与信仰象征有关。圣物、圣水、十字架或是耶稣的雕像都是必备的，吸血鬼猎人会用金属银制作又长又尖锐的十字架，用来刺穿吸血鬼的心脏，这种兼备银、十字架与钉桩的工具对吸血鬼来说，是致命的组合。然而到了非基督教信仰地区，用来制服吸血鬼的工具就完全不一样了，多半与当地自己的信仰有关。

不过，在一些非基督教地区的国家，吸血鬼并不害怕耶稣基督的圣物。虽然杀死吸血鬼所使用的工具可能因为地区的不同而变化，但是杀死吸血鬼的方法可没变。在某些地区，吸血鬼猎人身上甚至会带上一桶一桶的油，因为当地传说，如果吸血鬼不小心碰到油的话，就会融化不见。

血鬼族群在夜间出动，大范围与人类初拥。很大一部分人由于无法接受初拥而导致神经紊乱，因为接受初拥的人类症状与瘟疫相仿，因此当时的人类社会认为这又是一次大范围的瘟疫。随着吸血鬼的不断壮大，大量的人被咬伤，天主教的宗教裁判所有所察觉，于是人类开始了大规模的捕杀吸血鬼，吸血鬼家族成员在内战的同时与人类的战争也开始了。在这场人类与吸血鬼的战争中，一直隐秘作战、不被世人认同的吸血鬼猎人，在战后被公认为英雄。

除了人类，在西方的传说中，还有一个与吸血鬼对立

◎ 网络游戏里的狼人形象

的种族，就是生性凶残野蛮的狼人。它们与吸血鬼一样，共同生活在黑暗而未知的地下世界里，但却是势不两立的群体。长久以来，古老的欧洲大地上，吸血鬼家族与狼人家族的战争一直延续，不曾中断过，他们之间的战斗异常惨烈。

根据欧洲的民间传说，狼人是一种能够变形的人。狼人与吸血鬼有很多相同之处，比如力量、速度、永生等等，但他与吸血鬼在行动时间上有着很大的冲突，吸血鬼喜欢在黑暗下活动，而狼人则会在月圆时间频繁活动。每逢月圆之夜，狼人就会从人身变为狼身。变形之后，会难以自制地残暴、凶狠地攻击其他活动生物，并且会对着月亮长嚎。

狼人和吸血鬼虽然同样属于黑暗种族，但血族自认为是优雅骄傲的贵族，他们对自己的家族充满荣誉感，十分鄙视狼人的粗鲁与野蛮；而狼人则深深为自己的相貌和能力自豪，并且不满血族的挑衅，认为他们只能依靠法术而不是力量取胜，甚至害怕太阳，因此也非常鄙

◎ 吸血鬼与狼

◎ 狼人会在月圆之夜频繁活动

视血族。

　　在远古时期，由于狼人的势力强大、数量众多，血族在野外会尽量避开狼人；后来随着城市的不断扩大，荒野缩小，狼人被大批杀死，血族数量和能力又占了上风，狼人又会尽量不进城市以避开血族。双方便采取了一种互相老死不相往来的态

度,然而一旦碰上,便会出激烈的对抗和斗争。

在不少电影作品当中,狼人与吸血鬼的斗争始终没有止息。为了获得地下世界的生存统治权,他们争斗了几个世纪。数百年来,双方从未有片刻停止过惨烈的战斗,双方的很多族人都终其一生不断交手,新仇旧恨堆积纠缠……

狼人的传说

早在史前,世界各地的原始文化中就有关于狼人的种种传说。在非基督教社会中,狼是受尊敬的动物。战士崇拜狼神,喜欢披狼皮,佩戴狼牙,认为这样能获得狼的力量。

在希腊时代之前,人类就对于狼有着一种敬畏与仇恨的混合情绪,与嗜血、食人的想像融合在一起,加上死人复活、变身甚至精神官能病症的多重影响之下,狼人是原始人类对未知自然恐惧的重要一环,它的出现比吸血鬼更早也更为原始。

到了中世纪,整个欧洲陷入了有关狼人的狂想,而狼也成为邪恶的象征。数以千计的人被指控是狼人,许多人遭受酷刑并被处死。如果是在新月夜出生的或者被狼咬过的人,就会被认为注定是狼人。任何想变成狼人的人都可与魔鬼达成协议,或者在自己的身体上涂魔油。按照民间传说的说法,使用乌头草可以驱除狼人,用赐福过的银子弹能杀死狼人。

第五章

吸血鬼在现实中的科学解释与相关人物

　　虽然"吸血鬼"的故事来自于种种迷信与传说，但在每一种现象的背后都有迹可寻，包括各种离奇的死亡、变形或者复活等等，它们存在于一些可怕的病症之中，对科学无知的误解之中，以及各种无尽的猜想之中。与此同时，借助于现实中几位相关历史人物的原型，"吸血鬼"更以历史背景为支撑，成为人们永久流传的传说和话题。

1 吸血鬼的科学解释

现实生活中，在一些依靠吸食其他动物鲜血为生的寄生性动物身上，可以见到与吸血鬼相似的吸血特征。例如吸血蝙蝠就是一个显而易见的例证，其他的诸如此类嗜血的"吸血鬼"还有鳗、蚂蟥、蜱、和雌蚊等。这些吸血类生物的存在无疑给吸血鬼的想象提供了最原始的现实依据。

在波多黎各曾出现过一种喜欢捕食小型家禽和牲畜的吸血怪兽——"卓柏卡布拉"，这个怪兽吸食猎物的方法和传说中的吸血鬼十分类似：先在猎物上咬出一个小口，然后从这小口将其全身血吸干。之后在美国的佛罗里达州、新墨西哥州，以及智利、墨西哥等地都相继传出这种怪物袭击动物的事件。据目击者描述，这头怪物身高约有半米左右，皮肤类似于恐龙，拥有尖锐牙齿、红色眼睛，并且行动迅速，

◎ 游戏里的吸血蝙蝠

它既可以像人类般直立行走，也可轻易地跳至六米高。更恐怖的是在它的舌头上有一根尖管，可以插入心脏，吸干动物的血液。关于这种吸血怪物众说纷纭，有的认为是狼，有的认为是吸血鬼，甚至还有人认为是外星生物。不过，虽然有许多来自目击者的说法，但到目前为止尚未得到有力的证实。

对于吸血鬼的研究，多年以来就一直没有停止过。一方面，大多数专家致力于寻找吸血鬼传说的文化根源，另一方面，还有一些学者则致力于寻找吸血鬼传说产生的现实依据，包括一些可怕的现象背后的起因。事实上，从医学的角度来分析，有很多类似吸血鬼的行为和表现很可能都来自于一些罕见的病症。

◎ 吸血怪兽卓柏卡布拉的画像

其中，最典型的病症是全球最恐怖的十大怪病之一：卟啉症。卟啉这个词源自希腊文中的 porphura，意思为紫色。据考证，希腊人是从腓尼基人那里学到的这个词。在腓尼基，人们从紫色软体动物体中提取紫色素，用来为王室家族的长袍染色。后来，在拜占庭帝国，由这种象征高贵的紫色而衍生出了"borntothepurple"（生为紫色，意译为"生为贵族"）的俗语。同"口含银勺"不同，它的含义中贵的一方面超过富的一面，通常只有皇族后裔和贵族才当得起这样的形容。但那些生来就和紫色素卟啉有着关系的卟啉症患者就远没有那么幸运了。

卟啉是一种因为血红素生成过程中的基因变异或环境毒害而产生的光敏色素，它会聚集在人的皮肤、骨骼和牙齿上，一旦接触日光就会变成烈性的毒素，吞噬人的肌肉和组织，并能引起至少8种类型的卟啉症。这种病导致患者无法产生一种帮助血红蛋白生成的关键蛋白质——亚铁血红素，并感染皮肤和神经系统，导致患者产生腹痛、胃痉挛、恶心、呕吐等症状。当卟啉症患者遇到光线时就会发病，皮肤会起水泡并且感到疼痛和灼热，在严重的患者体内，卟啉会蚕食聚集区域附近的组织和肌体，使患者严重贫血，面部器官腐蚀，尿液呈现紫红色，出现精神错乱等怪异的举止。这种症状就像传说中的吸血鬼一样，只能生活在黑暗世界里，用非常极端的方法来避免阳光的照射，不能见光。因此人们也称卟啉症为"吸血鬼症"。

古希腊医生希波克拉底通常被认为是第一个认识卟啉症的人，当时，他把这种疾病看作一种血液病或肺病。直到1871年，德国伟大的生物化学家菲利克斯·霍珀-塞勒才发现了卟啉色素同卟啉症之间的因果关系。1889年，B.J.斯托克维斯将一系列的临床症状统称为"卟啉症"，从此这

◎ 卟啉症患者

种怪病的名称得以确立。

卟啉症是一种由于血液中富含铁的血红素含量失衡而导致的罕见疾病，多有遗传因素。它可以分为两大类：红细胞生成性卟啉症和肝性卟啉症。而最严重的就是先天红血球生成卟啉症(CEP)，CEP的患者通常对光敏感，由于身体缺少血色素所以需要不断输入血液来补充血色素，患者的骨骼和尿液多为红色的，牙齿为黑褐色。它的患者的悲惨命运通常被怀疑是吸血鬼故事的起源。

在众多形式的卟啉症中，比较常见的一种是急性间歇型卟啉症，英国历史上著名的"疯子国王"乔治三世就是这种疾病的受害者之一。被疾病折磨的他多次精神错乱难以执政。

尽管卟啉症通常是由于基因突变所导致，但饮酒过度和环境污染也会诱发这种疾病。最臭名昭著的事例发生在20世纪50年代的土耳其。大约有4000人在食用了喷洒过除真菌剂六氯苯的小麦后患上了一种类型的卟啉症，上百人因此丧生。在此之后不久，六氯苯除真菌剂就在全世界范围内被禁用。

绝大多数卟啉症患者都伴有严重的贫血，因此他们面容苍白。这不仅因为他们通常只能生活在黑暗中，更重要的是，他们身体中的卟啉会影响造血功能，破坏血红素的生成。通常，卟啉症患者的身体上还会带有大片紫色的色素沉积。

卟啉在接触阳光后会转化为可以吞噬肌肉和组织的毒素，主要的表现之一就是它会腐蚀患者

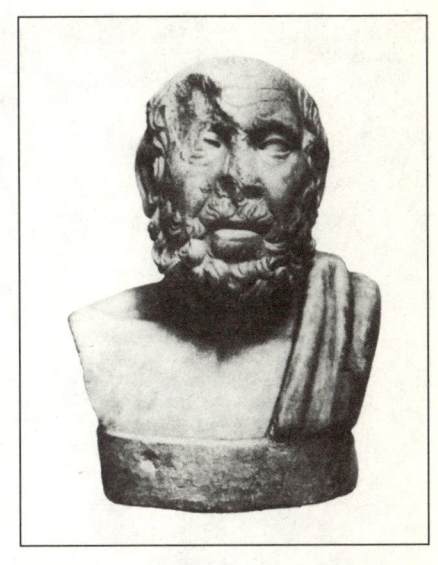

◎ 古希腊医生希波克拉底头像

◎ 乔治三世

的嘴唇和牙龈，使他们露出尖利的、狼一样的牙齿。腐烂的牙龈看上去总是血淋淋的，难免会让人联想起吸食鲜血的吸血鬼。

由于毒素的作用，卟啉症患者的耳朵和鼻子都会被其腐蚀，而皮肤上也会布满疤痕，使他们看上去格外苍老。在欧洲的传说中，长生不死的人常常都会被描述为类似的样子，以讹传讹，就有了"吸血鬼有不死之身"的说法。但实际上，卟啉症患者的寿命通常都非常短。

对于大多数卟啉症患者，输血和血红素能够有效缓解症状，并且到现在依然是主流的治疗方法。血红素非常顽强，通过消化道依然可

◎ 卟啉症患者

以被小肠吸收。一些患者由于体内血红素失衡，嘴唇和牙齿会呈血红色。此外，由于卟啉症是可以遗传的，所以历史上有些地区会出现高比例的感染人群。此外，在大多数的吸血鬼传说中，大蒜和十字架一样，都被描绘为吸血鬼的克星。而巧合的是，卟啉症患者也对大蒜深恶痛绝，原因只是因为大蒜中的某些化学成分会恶化他们的病情，带来疼痛和其他症状。

正是由于卟啉症有着种种与吸血鬼的特征相类似的理论及特征，人们自然而然将这类病症的患者与吸血鬼等同起来。第一个研究这一问题和现象的是英国医生李·伊利斯，他曾于1963年向英国皇家医学会提交了一篇题为《论卟啉症和吸血鬼的病源》的论文，

◎ 吸血鬼的克星大蒜

开始还很少人相信他，一直到20世纪80年代中期才有人开始支持他的观点，才慢慢相信欧洲的那些关于吸血鬼和会变化的人的传说是有现实基础的。

卟啉症在医学界至今还是个怪病，目前仅限于靠输血来治疗，但病重之后并不解决问题，不过万幸的是这种重病例并不多，全世界也不过100例左右。

除了卟啉症之外，"狂犬病"也被认为是一种有着吸血鬼行为的病症。狂犬病是一种由动物传染的病毒性急性传染病，人畜共患，多见于犬、狼，猫等肉食动物，人多因被病兽咬伤而感染。临床表现为特有的恐水怕风、咽肌痉挛、进行性瘫痪等。恐水症状比较突出，故本病又名恐水症。

80%的患者会发展为脑炎。它损伤控制感情和行为的大脑神经系统。这种狂犬病被称为狂躁性狂犬病，由于接种疫苗和文明程度的提高，狂犬病发病率在下降，今天已不大容易看到这类病症。然而在18世纪，巴尔干地区的贫困状况使得狂犬病的发病率极高。根据胡

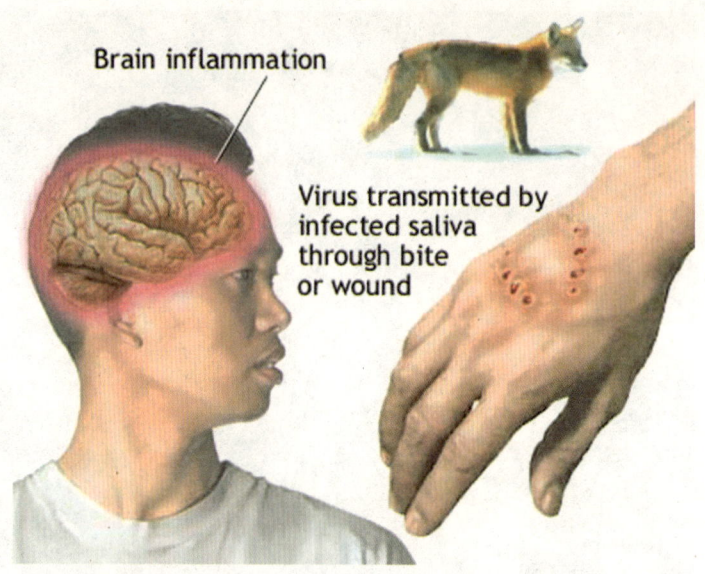

◎ 狂犬病

安·戈麦斯·阿隆索的观点,这种病如果不打防疫针进行预防,后果将是致命的。在经过2周到2个月的潜伏期后,病症集中表现为焦躁不安、浑浑噩噩地东游西逛、过分敏感、恐惧、失眠和痉挛,从而导致瘫痪,最后因昏迷和窒息而死,在休克、衰竭和窒息而死的情况下,血液在尸体中会存留较长的时间,这些结果说明传说中吸血鬼的尸体里存在液体是有道理的。

就在欧洲各国报道巴尔干地区的村庄里正在"传播与流行"吸血鬼现象的时候,匈牙利的新闻中出现了许多有关狗、狼和其他野兽狂犬病发作的报道。那些体内有液体、口中有泡沫和血的尸体,如果不将它视为吸血鬼现象,而归为狂犬病的病症则更容易被人们理解。但由于巴尔干地区的乡村居民们缺乏识别狂犬病症状的常识,导致了一系列错误的判断,再加上完全错误的联想,从而陷入误区,用狂犬病急性发作阶段的征兆来描述"吸血鬼的特征",并且相信他们就是吸血鬼的受害者。

狂躁性狂犬病与吸血鬼的相似之处在于:吸血鬼一般为男性,而狂躁性的狂犬病对男人的伤害比对女人的伤害高7倍;狂犬病患者怕光,讨厌刺激性气味，如大蒜，面色苍白，口部肌肉经常抽搐，想咬东西，被咬后导致感染等，这些症状与吸血鬼的特征十分吻合；一些家畜在被传染上狂犬病后也会出现瘫痪甚至死亡的症状，这是因为狂犬病是一种"动物等同症状传染病，也就是说它在人和某些动物身上的病症相同，表现也一样"，但在民间传说中却把这些家畜说成是吸血鬼的受害者。从而更增强了吸血鬼能变成狼、狗和蝙蝠等种种神话的"可信性"。

另外一种与吸血鬼行为类似的病症是强直性昏厥，这种疾病在医学上叫僵住症，十分罕见，与癫痫、精神分裂症和其他疾病有关，并影响中枢神经系统。发病的时候，病人会出现类似于死亡的症状：包括肌肉僵硬、失去知觉、心跳和呼吸减慢、昏迷不醒，一些平常的感官功能都会暂时性消失。也就是俗称的"假死"。而神秘学者们则认为，这些是人的灵魂暂时脱离了肉身的现象。

现在的医学可以依靠知识和仪器来准确判断病人是否活着，但在过去，只能通过观察外表来判断。由于强直性昏厥症患者发病时通常会昏迷几个小时甚至好几天，因此很容易被当成是死去的尸体，再加上以前大多数地区都不曾掌握尸体防腐处理法，尸体一般都不经处理就被埋葬了。

等到葬礼结束，病人在墓穴中醒来，经过一番挣扎逃出坟墓返回家中时，就会被人误认

◎ 狂犬病电影海报

◎ 吸血鬼

为是复活的吸血鬼。如果患者同时有精神分裂等心理疾病，还会出现一些很奇怪的行为。

即便是真正的尸体，有时候也会有些类似吸血鬼的表现。人死后，由于手指甲和头发周围的皮肤缩水萎缩，看起来就像在继续生长，产生一种死尸仍然活着的假象。尸体内气体膨胀，使得腹部胀大，仿佛刚刚饱餐一顿。如果把木桩钉入，尸体就会破裂，流出各种液体，这很可能被当做吸血鬼以活物为食的证据。

虽然这些病症都会引发人们对于吸血鬼的误解与猜想，但很显然，有关吸血鬼传说的根源不在于病症本身而在于人们的心理。

2 史上最有名的吸血鬼——德古拉伯爵

◎ 德古拉伯爵面具

德古拉伯爵是这个世界上最著名的吸血鬼形象，也是在银幕上最走红的恐怖明星。传说中的德古拉伯爵是罗马尼亚的王子。罗马尼亚公国的督军特兰斯瓦尼亚伯爵——德古拉王子即位为佛拉德公爵三世，在历经十年的铁血统治后，国家走上了强国之路。他对外加紧扩张与修缮外交，对内则鼓励农贸、工商的发展，大力铲除异己而成为罗马尼亚公国历史上最贤明的君主，但由于他的手段毒辣、嗜血好杀，渐渐引起教会和人民的不满。

在罗马尼亚的风光背后，有一个强大的对手在虎视眈眈——奥斯曼土耳其帝国，由于两国在各自利益上的争斗，终于在1462年展开了一场旷世大战。1462年，奥斯曼土耳其帝国的苏丹御驾亲征罗马尼亚公国，在教会的为主圣战的怂恿下，德古拉王子亲率大军掩护老幼国民几十万人撤退，并且在特兰斯瓦尼亚郊外与奥斯曼帝国的大军激烈交战。由于德古拉王子的英勇善战，奥斯曼帝国接连败退。使罗马尼亚人民对君主德古拉充满信心，而奥斯曼的苏丹也因此蒙羞，誓与其势不两立，为了赢得这场战争，他们决定实施计谋以求胜出。

在两军最后一次会战前，德古拉王子向自己亲爱的未婚妻伊丽莎白公主告别，公主发誓如果德古拉回

◎ 特兰斯瓦尼亚城堡

不来，她也不会独活，悲剧由此上演。两军交战之时，奥斯曼的奸细潜入特兰斯瓦尼亚，四处散布德古拉战死的消息，企图扰乱民心。伊丽莎白公主信以为真，伤心欲绝纵身从特兰斯瓦尼亚城堡上投河自尽了。

当德古拉大胜之后回到城堡，只见未婚妻的尸体，他一怒之下将守护公主的教士全部杀掉，并且愤怒地责问上帝，为什么他一生都为主而战，最终却遭到这种结局。德古拉用长矛刺穿了十字架上的耶稣，誓与光明决绝，从此便投向了黑暗，他向魔鬼称臣，因而获得了无限的力量和无边的法力，但也因此受到恶魔诅咒，成为不死之身，终日与黑暗、鲜血为伴，被人称为"嗜血之王"，从此掀起了一场旷世400年的嗜血传说。

1862年2月，人们在罗马尼亚遗迹特兰斯瓦尼亚城堡中，发现了一具被银剑刺穿心脏的无名男子的尸体，

◎ 德古拉公爵画像

这位男子的脸上还带着幸福安详的笑容。当地政府为这名英俊的无名男子举行了隆重的葬礼，却没有人知道他为何而死。这也许就是吸血鬼的重生与幻灭，400年的等待，400年的轮回，背叛了信仰，只为了等待自己心爱的人……

德古拉伯爵的原型确有其人，他就是罗马尼亚历史上最著名的人物之一弗拉德·德古拉王子，绰号弗拉德·特佩斯。德古拉1431年生于特兰西瓦尼亚的锡吉什瓦拉城，他的父亲弗拉德·塔古勒当时为"龙骑士"组织的成员，受罗马尼亚地区希其蒙国王任命为川索凡尼亚的总督军。在罗马尼亚语中，"塔古勒"来自"龙"的意思，表示被纳入尊贵的龙骑士的一员，而"德古拉"则被称为"龙之子"。

1442年，由于政治原因，德古拉和他的弟弟拉杜一起成为土耳其奥斯曼帝国苏丹的人质。1447年，德古拉的父亲与兄长米尔被叛变贵族暗杀。1456年，德古拉登上王位。他明白自己的国家正处于内忧外患交相逼迫的情势下，为了挽救自己的祖国，他决定不计一切代价，攻击当时欧亚地区最强大的国家——土耳其。他首先在边境地带营造碉堡，同时以碉堡为据点攻下土耳其边界的要塞。1462年，德古拉在多瑙河畔攻下了西路西乌城，全城的四万多名被俘的土耳其兵都被赤裸示众，并且以削尖的木棒从嘴或臀部活活刺穿全身，然后将刺着尸体的木棒插在广场上，尸体排列了3公里长，1公里宽，蔚为奇观。当时成群的乌鸦和秃鹰不断啄食这些尸体，加上连续数日的暴晒，现场弥漫着令人作呕的尸臭。据说德古拉十分满意他的"杰作"，还特意要手下准备酒菜，置于尸体前，饮酒作乐。之后赶来增援的土耳其军队目睹了这一恐怖的景象，个个毛骨悚然，战斗意识烟消云散，纷纷逃亡。最终，德古拉击退了强大的土耳其军队，获得保护基督教国家的英勇名声，但是他嗜血的恶名也传遍了整个欧洲。

◎ 秃鹰

德古拉又被人称为"穿刺公"或"龙之子",是因为他惯用严酷刑罚。对于那些反抗他的地主及贵族,以及不支持他的平民,德古拉一律处以刺穿之刑,他把犯人毫不留情地钉死在削尖的木桩上,并且频繁用刑,不管是抓到的外国间谍、战俘,还是国内的窃贼、贪官,就是教士背后说人坏话也要受酷刑,然后再放火烧死,并把那些烧焦的尸体悬挂示众。被他以"阴谋推翻统治者,背叛国家"的罪名杀害的地主、贵族及其家人达两千多人。平民被杀得虽然没有地主、贵族那么多,但数量也不少。

恐怖的高压手段终于引来暗中反抗的势力,没多久,德古拉便被夺走了王位,幽禁于匈牙利。后来他又东山再起,但又在1476年被威洛凯亚公国的贵族策动的土耳其人暗杀了。

◎ 布朗城堡

因为不断的战争和严酷的社会环境，德古拉的出色功绩和成就很快被埋没，人们只记住了德古拉的木桩刑和严刑酷罚，许多编年史都将他描述为暴君。他那种个性残虐、喜好血腥的行为，在人们眼中与虐待狂和吸血鬼联系在了一起。德古拉的形象变成了一个白天睡在棺材里、晚上出来活动、专咬人的脖子的吸血鬼，而他居住的布朗城堡也被传说成了吸血鬼的老巢。

布朗城堡位于罗马尼亚中西部，这座神秘的城堡建于1377年，原本是匈牙利国王用来抵御土耳其人的防御工事，1382年建成之后，逐渐成为一个集军事、海关、当地行政管理、司法于一身的政治中心。城堡修建在一座地势险要的山上，背靠大山，从城堡里可以上面俯瞰山谷中的大路。因为德古拉杀人无数，害怕有人报复，便将城堡的大门改建成了城墙，外人要进入城堡，只能从城堡的南边，沿着上面扔下来的绳梯爬上去。

据说，在德古拉统治时期，为了使人们全都走城堡下的大路以便收税，城堡里驻扎的士兵每天早上、傍晚出动两次，前往附近能翻越的地方巡逻。如果不是当地人，只要让巡逻队抓住就免不了受到严惩，这其中当然免不了有许多冤死鬼。所以几百年过去了，这个城堡仍然被恐怖的鬼魂传说所笼罩。

1897年，爱尔兰作家布莱姆·斯托克取材于德古拉王子的传说，创作了一部名为《德古拉》的小说，使德古拉的形象再度复活。之后，有关德古拉的故事不断被搬上舞台和银幕，成为西方恐怖类型电影戏剧创作的题材和灵感。

◎ 爱尔兰作家布莱姆·斯托克

3 与吸血鬼相关的其他历史人物

除了德古拉伯爵，在历史上，还有两位重要的人物，与吸血鬼的传说有着密不可分的联系：吉尔斯·德·莱斯男爵与伊丽莎白·巴托里伯爵夫人。

吉尔斯·德·莱斯男爵出身于贵族家庭，曾是英法百年战争时期的法国元帅。在英法百年战争中他是圣女贞德的亲密战友，在当时被誉为民族英雄。传说他暗恋贞德。

在1430年5月的一场战斗中，贞德被勃艮第公国所俘。虽然依照当时的规则，只要付出赎金或许就可以赎回贞德，但因国王查理七世猜忌她的功绩和政见，无意救赎，不久贞德被在英国当局控制下的宗教裁判所以女巫罪处以火刑，死前的惨象一方面鼓舞了当时的法国人的爱国热情，激励了他们最终将侵略者驱逐出境，但另一方面对于莱斯男爵却是一次沉重重的打击，理想的破灭，使得他的信仰受到的极大的动摇。

不久他退隐于马什库勒和蒂福日的领

◎ 圣女贞德

地,并埋头研究炼金术,致力于黑巫术的研究。后来他的研究越来越走火入魔,竟然希望借助人血来发现点金术的秘密,为此他把大约300名以上的儿童折磨致死,由昔日的民族英雄彻底演变成了一个变态恶魔。

为了取得研究炼金术所要用的人血,莱斯男爵命令他的两个仆人将城堡附近的儿童(主要是男童)哄骗或强行绑架到地牢,对他们进行强奸,然后将他们蹂躏折磨后杀害,最后将他们的尸体肢解并掏出脏器;据他的仆人事后供称,男爵喜欢"在满地的内脏和鲜血中来回滚动"并达到性高潮,并命令他的两个仆人对着满地的内脏自慰。

由于莱斯男爵的贵族身份,尽管有儿童频频在他的领地内失踪,但在相当长的一段时间内并没有人怀疑男爵。直到布瑞坦尼公爵带领调查人员在莱斯的城堡里挖掘出50多具尸骸之后,人们才发现他们的领主居然是个不折不扣的"吸血鬼"。最终,男爵被判同时处火刑和绞刑,他的两个仆人被判处火刑。

关于德莱斯的犯罪动机众说不一。有人说是因为他自幼缺少家庭的温暖,莱斯的父亲去世时他只有九岁,他的母亲随即抛弃了他和他的弟弟重新组织了家庭。他和弟弟从那时起就明白:他们必须独自面对这个世间的一切。但这似乎并不足以成为他疯狂杀戮的理由。也有人认为是贞德的死给他带来了巨大的冲击,贞德不但是他的战友,而且是他理想中的情人,更是他信仰的标志和他的女神。贞德一死,"他的灵魂就已经崩溃了",性取向也同时发生了根本的转变;也有人认为德莱斯是在研究炼金术的过程中堕入魔道,偏执地认定鲜血是炼金的必要触媒;还有人认为他喜

◎ 吉尔斯·德·莱斯男爵

食人肉喝人血，杀人纯粹是为了满足口腹之欲；甚至有人认为他是被逼认罪的，德莱斯其实是一个无辜者。

不过，德莱斯曾亲口供认过他杀害了140多名儿童，无论他是不是被逼认罪的。这些相对确凿的证据显示德莱斯的确是一个有严重恋童癖的人，对炼金、巫术非常着迷，有魔鬼崇拜心理，这是符合连环杀手的通常心理状态的。而根据史料记载，在德莱斯退隐至自己的领地后直至他被捕前，马什库勒和蒂福日周围有300多名儿童不知去向，这也是许多学者坚称他杀了300多名儿童的主要依据。

由于莱斯的犯罪记录比较模糊，加上他与众多被害者之间的特殊社会地位（领主与领民）的差异，以及当时并不具备完善的犯罪学研究，使得他未能成为连环杀手的鼻祖。直到今天，许多人还在疑惑中争论着吉尔·德·莱斯到底是一个民族英雄，还是一个嗜血的怪物。但事实上，从严格意义上来说，他并不是真正的吸血鬼。

另一位与吸血鬼相关的人物是波兰国王的侄女：伊丽莎白·巴托里伯爵夫人，绰号"德古拉伯爵夫人"。她出生于匈牙利一个最强大的贵族家庭。家庭成员中包括当时的波兰国王斯蒂芬·巴托里和特兰西瓦尼亚亲王等。伊丽莎白的家族拥有众多财产，据说他们的财产比当时的匈牙利国王还要多。

历史学家认为，伊丽莎白·巴托里之所以成为著名的"女吸血鬼"——一个疯狂的杀人魔王，和她的身份有很大关系。在当时的匈牙利和波希米亚等地，中世纪的阴霾还没有完全散去，像伊丽莎白

◎ 伊丽莎白·巴托里伯爵夫人

这样强权的贵族仍然掌握着生杀大权。15 岁那年，伊丽莎白的家族把她嫁给了一个地位同样高贵的贵族弗朗西斯·纳达斯第伯爵。结婚之后，他们搬到了位于喀尔巴阡山脉脚下的塞伊特城镇，居住在一座高耸的塞伊特城堡中。

由于伯爵常年在外征战，伯爵夫人无聊之际，在仆人托尔科的怂恿下学习妖术，并且经常虐待少女。1610 年，伯爵战死沙场，之后伊丽莎白开始惧怕衰老会夺去她的美貌。一天，一个女仆在为伊丽莎白梳头时不小心拽了她的头发，伊丽莎白拼命抽打女仆的手直到打出血来，女仆的血流到了她的手上，她突然觉得自己因此得到了年轻女仆的青春和朝气，她相信自己找到了永葆青春的秘诀。于是伊丽莎白命令她的管家和男仆剥光那个女仆，割破她的皮肤，把她的血放到一个大桶里，并且用她的血来沐浴，认为如此能够保持她惊人的美丽和青春。这是一种愚昧的、古老的驻颜秘方，被很多民间小说引用。

从此以后，她派人专门捕捉或者诱骗附近村庄里的少女，然后施以酷刑。据相关历史记载，伯爵夫人在喝受害者的血时非常快乐。据考证，她三年之内甚至虐待死了 600 人。其奶妈尤奥，管家乌依瓦里，女巫达尔维拉也参与了此事。

1611 年，图尔索伯爵率兵占领了伊丽莎白·巴托里夫人的城堡。至此，事情败露。伊丽莎白的三个仆人也被处以极刑，另一个不知下落。伊丽莎白·巴托里夫人因为她显赫的身世被免予一死，但被终身监禁在城堡的一个塔楼内。1614 年，伊丽莎白·巴托里夫人死在塔楼中。

伊丽莎白·巴托里夫人因其耸人听闻的恶行和血腥嗜好得到了"德古拉伯爵夫人"（德古拉是吸血鬼的代名词）的称号。当代大部分吸血鬼文学作品中女性吸血鬼的形象都来源于伊丽莎白·巴托里的故事，而她居住的城堡也被认为是阴魂不散的城堡，成为吸血鬼城堡的典型形象。伯爵夫人死后，城堡也跟着荒芜，1708 年，一座大火将城堡毁于一旦。如今这座城堡留下的只有遗迹和令人恐惧的怪异气氛。

这两位诞生于贵族阶层的真实人物，成为若干年后文学作品中的吸血鬼的蓝本，除了拥有金钱、地位及相当的教养气质，还充满着浓郁的情欲色彩，

◎ 吸血鬼形象

在这些传奇的渲染下，更激发了人们对于吸血鬼迷信这一古老的文化现象所特有的热情。

黑巫术

黑巫术，又称黑魔法，即邪恶的巫术，通过放蛊、咒诅、秘密仪式、书符等方式，达到谋杀、致病、迷惑、役使、嫁祸等目的，使人在不知不觉中受害。多用于对付仇敌或报复他人，亦可用作治病、驱邪，或针对他人所施行的巫术进行治疗、防御或反击。

行巫的巫师也可分为两种，一种为历代相传，由老巫师传授；另一种是所谓神灵在梦中传授的巫师，称为梦巫。巫蛊娃娃便是黑巫术中用来报复人的一种手段。

第六章
吸血鬼与文化艺术

"吸血鬼"作为一个古老而神秘的传说形象，带给人们取之不尽的创作题材和灵感。

在文学、影视、动漫、游戏、音乐、戏剧等文化和艺术的领域，"吸血鬼"都有着不可取代的位置。可以说，是文化艺术的发展让"吸血鬼"重见天日，而"吸血鬼"的传奇也在一定程度上推动了文化艺术的繁荣。

1 文学中的吸血鬼

19世纪，随着启蒙运动的盛行，在科学精神和理性思想的影响下，有关吸血鬼的种种迷信传闻受到了一定程度的遏制，但这却未能阻止人们在想象世界中赋予它各种面貌和传说。早在1748年，就有位叫奥森费尔德的德国诗人在他的一首短诗中，预示吸血鬼将会通过文学而复活。

有关吸血鬼的小说，其实大部分可将它归入恐怖文学类。其源头则可以追溯到哥特小说。"哥特"这个词在英语里既是一个文学词汇，又是一个历史术语，还可以用作建筑和艺术方面的专门用语。有一种文学流派被冠以"哥特"之名，这种流派的主题是探讨极端感情以及一些黑色话题，并且这种流派的小说背景通常是哥特式的建筑：废弃的摇摇欲坠的城堡以及阴暗的修道院等。

从18世纪末开始，各种充满迷信及情欲色彩的吸血鬼传说开始在推崇自由与浪漫主义文学作品中大放异彩。在德国，浪漫主义者在文学上兴起了的"狂飙突进运动"；而在英国，浪漫派承袭了怪异幻想文学的"歌特式"小说。他们强烈反对当时流行的理性主义和唯物主义，宁愿从古代和中世纪汲取创作灵感，而不以现代世界为素材，并且用大量的诗歌再现了吸血鬼的传说。如德国作家布尔格于1973年创作的吸血鬼诗歌《莱诺勒》、歌德于1797年创作的诗歌《科林特的未婚妻》等，其中的吸血鬼已经不再是单纯的吸血恶魔，他们可以和人类发生互动，甚至产生爱情。这种恐怖的浪漫情调迅速为人们所接受。而吸血鬼的传说从此便抹上了一层浓厚的情欲色彩，成为浪漫主义者最喜爱的题材。

1819年，第一部关于吸血鬼的中篇小说《吸血鬼传奇》诞生，这部小说的作者波利多里原本是英国诗人拜伦的秘书兼私人医生。拜伦在1816年曾与人打赌要写一部以吸血鬼达尔韦为主角的小说，不过一直没能完成。但拜伦把小说的情节告诉了波利多里，波利多里在与拜伦闹翻之后离开了拜伦，以他未完的故事为大纲写出了这部小说，不过将小说中的主角的名字改成了吸血鬼吕特温爵士。这篇小说1819在年《新月刊》刊登之后，引起了强烈的轰动。

在《吸血鬼传奇》中，波利多里向我们描绘了一个面貌俊美但生性冷酷的吸血鬼形象——吕特温爵士，他拥有超人的力量，当他的身体开始腐烂时，便让人将他抬到一座山顶，沐浴在月光里。然而就在大家准备掩埋他的时候，他却消失得无影无踪。后来他重新出现，吸干了自己妻子和妻妹的血，之后便逃之夭夭……故事的结局并不完美，吕特温爵士没有被杀死，因而它可以继续挑选牺牲品，吸他们的血。小说中营造出一种怪诞的气

◎ 拜伦画像

氛，叙述者细腻地勾画出一个吸血鬼的标准画像。这部小说的出版对于英国吸血鬼类文学的兴起产生了极大的推动作用，之后多次再版，又被改成剧本多次上演，甚至出现了一连串的抄袭之作和持久的吸血鬼风潮。直到30年后，法国大作家大仲马还在改编这部小说。但波利多里本人却并未因这部小说而文坛登龙，原因是在《新月刊》上发表时，主编自作主张地将作者姓名换成了拜伦。

自1819年以后，先后共有约800余部关于吸血鬼的小说问世，可以说，有关吸血鬼小说的创作在19世纪达到了历史最高潮，而吸血鬼文学也因此被冠以了"灵异文学之教父"的称号。

受古代传说和中世纪民谣的影响，在一些浪漫主义诗人的笔下，诞生了一批迷人的女吸血鬼形象，这些女吸血鬼美丽而且神秘，令男人们心猿意马。如英国诗人塞缪尔·泰勒·柯勒律治的《克里斯特贝尔》、约翰·济慈的《无情美人》中，就出现了足以迷倒众生的女吸血鬼形象。而在1866年著名诗人波德莱尔的《吸血鬼的变形》，女吸血鬼则是一位堕落、致命的女花痴。对诗人来说，这些女人是否吸人的血无关紧要，关键是她们能同时让人体验快乐和死亡，而"受害者"也完全心甘情愿。这种吸血鬼和被吸血的人之间的施虐和受虐的关系在今天的幻想文学中仍然见到。

◎ 柯勒律治

◎ 波德莱尔

1872年，英国怪异小说作家乔瑟夫·协利丹·雷·法纽推出了中篇小说《卡米拉》。这篇小说把故事背景安排在传说中吸血鬼出没的地方：施蒂里亚。《卡米拉》的出现让传统的吸血鬼作品沿袭的男女欲望（男吸血鬼与女性猎物）遭到了解构。主人公卡米拉这位年轻、美丽的女吸血鬼与身为叙事者的少女之间，既有着姊妹般的亲昵，又有着爱侣般的缠绵。作家巧妙利用了吸血鬼迷信中性的因素，把女主角描绘成一个美艳、淫荡、充满野心和控制欲的女人，并且与女性"受害者"之间有着暧昧不清的关系。整个故事洋溢着馥郁纤细的情欲与阴沉冷郁的死亡意象。这在维多利亚时代的道德观中，无疑是罪大恶极的写照。故事结尾，罪恶终于在上帝的力量下溃退，显然，作家在满足了读者的脱离常轨的趣味的同时，也尊重了社会主流的道德规范。这部小说也被称为最具特色的、经典的女性吸血鬼小说。

1897年，爱尔兰著名小说家布莱姆·斯托克以历史上著名的弗拉德·德古拉伯爵为原型，通过丰富的想象力和逼真的文字，创作了一部著名的吸血鬼小说《德古拉》，使一度沉寂的吸血鬼文学重获振兴。小说将德古拉伯爵和吸血鬼的形象完美地融合在了一起，极富凄美惊栗的哥特主义风格令它轰动一时，堪称后世吸血鬼文学的奠基之作。虽然评论家用"哥特"一词来代称所有的相关流派，但这时的哥特小说已开始让位给了现代恐怖小说。

《德古拉》再现了英国"哥特式"小说的风格，作家采用新闻式的日记体的写作方式，让读者身临现场般目睹了主人公如何发现恐怖的事情，以及如何与恶势力抗争的过程：伦敦一名年轻的公证处书记员乔纳森哈克奉命前往罗马尼亚的小镇特兰西瓦尼亚，与一位叫德古拉的伯爵洽谈生意，因为伯爵想购买英国的一处房产。一日，哈克在阅读一本小说时，发现了一份档案，其中有信件、日记等文件，从中他发现了一个可怕的秘密：德古拉伯爵原来是一个夜间从棺材里爬出来吸人血的吸血鬼。勇敢的年轻人于是跟踪监视伯爵的罪行，善恶双方从此展开一次又一次的对决。最初，代表着恶势力的德古拉占据上风，他看上了哈克未婚妻米娜的朋友露茜，不

◎ 布莱姆·斯托克

幸的露茜被德古拉吸干血液后死去。后来，代表着正义一方的哈克扭转了局势，与米娜、范赫尔辛博士、美国人昆西·莫里斯等人携手，最终战胜了吸血鬼。莫里斯用匕首刺穿了德古拉心脏，德古拉立即化为灰烬消失了，米娜得以从魔法中解脱……

《德古拉》一出版便大获成功，在当时的英国报界深受好评。《蓓尔美尔街新闻》认为它"极其出色"，而《每日邮报》甚至把它与勃朗特的《呼啸山庄》、爱伦·坡的《厄舍古厦的倒塌》等英国表现主义文学的杰作相提并论。维多利亚时代的读者酷爱超自然的故事，而德古拉这个角色具有能迎合他们阅读取向的一切特点。

这部小说之所以能在文学上取得巨大成功，与作品本身丰富的内涵和特色密不可分：首先，虽然它是以神秘怪诞、血腥恐怖的超自然故事为题材，却旗帜鲜明地突出了善与恶的对立，书中邪恶力量与正义力量的生死对决，是一场光明与黑暗、理性与放纵、道德与非道德、基督教正统与旁门左道的全面较量，而最后以正义的一方大获全胜告终，在满足同时代读者喜好猎奇、刺激的隐秘心理的同时，也符合既定的社会道德规范，使读者在道德良心上得到了规范和解脱；其次，故事中包含着极其隐讳而又极为复杂的象征意味，例如吸饮人的血液、潜入人的灵魂的吸血鬼形象，正是人类某种欲望的象征，这种欲望体现在被吸血鬼附身的女性身上，更多的代表了人性中被压抑的性欲冲动的本能。对于维多利亚时代晚期的绅士来说，任何性欲冲动都是污秽不洁、充满邪恶甚至足以致命的，但同时它又是流淌在血液中的本能反应。故事中两个在灵与肉的煎熬中挣扎的女性：露茜和米娜，也同样散发着令人沉迷的蛊惑力。此外，作者还大胆涉及了当时还属于新鲜的、有精神病学方面的理论，这一切都使得《德古拉》在同类作品中脱颖而出，成为延续至今的神秘小说传统的主脉之一。

另一方面，在评论界普遍认为《德古拉》中人与吸血鬼间的斗争象征着19世纪末、20世纪初欧洲垂死的旧贵族与资产阶级婚姻关系间的最后较量，也是人们潜意识中永无休止的非法欲望与清醒的自我之间的

斗争。德古拉显然代表着与基督教信条和价值相逆的力量——他能给予人们躯体的永生，但其躯体必须同灵魂分离。因此，德古拉无疑是"凶残的恶魔、人类的敌人，只有消灭他，人类才能得以安宁"。此后，各种以德古拉为原型而创作的小说、戏剧和电影层出不穷。

美国20世纪最伟大的作家理查德·马瑟森在1954年创作的小说《我是传奇》中，将未来人类普遍吸血鬼化。小说假想在未来人类因为微生物改变了演化的过程。并将吸血鬼分为三类：真吸血鬼、新人类和吸血鬼猎人。其中第二种吸血鬼为新人类的变种人，这是首次把吸血鬼看成是现实世界的人而并非同类的物种或种族，和其他所有故事中吸血鬼的概念不同，成为最近流行文化中活死人概念的主流。这部小说先后于1964、1971、2007年被搬上了银幕。

1975年，美国著名畅销作家斯蒂芬·金推出惊悚小说《塞伦的命运》。在他笔下，整个小镇的人都变成吸血鬼的情节，真实而恐怖：作家本杰明·密尔斯因为童年的憾事而回到家乡小镇进行调查，昔日的玛斯坦大宅依然诡秘，随着调查的深入，命案接二连三发生，镇上许多人变成了僵尸，谜底是什么呢？午夜时分四处行走的僵尸会给你一

◎《我是传奇》电影海报

个答案……这部小说后来也被改编成了电影和电视,被译作《午夜行尸》或《吸血鬼复活记》。

紧接着,被誉为"吸血鬼女王"的美国当代作家安·莱斯在1976年推出她的第一部吸血鬼小说:《夜访吸血鬼》,再度掀起了吸血鬼小说的高潮。安·莱斯的小说非常奇特,与之前的吸血鬼小说无论在气氛营造和内心世界的描述上都十分不同。比起其他小说中神通广大的主角们,《夜访吸血鬼》中的吸血鬼们就显得十分的弱势,她写出了吸血鬼永生不死的悲哀。尤其是吸血鬼必须要面对四周的人渐渐死去的阴影。小说中,安·莱斯交代的多半是吸血鬼路易斯的内心世界及他与其他吸血鬼之间的互动感情,为了让他显得有人性,作家将他变成了一个极易伤感的角色。

◎ 斯蒂芬·金,其惊悚小说《塞伦丽的命运》被改编成了电影《午夜行尸》

此后,安·莱斯又推出了一系列的吸血鬼名作,如果说德古拉影响了18世纪的吸血鬼文学作品,那么安·莱斯的吸血鬼系列就引领了20世纪的吸血鬼小说的风格。

到了1984年,美国作家乔治·马丁的吸血鬼小说《热夜之梦》成为与《夜访吸血鬼》齐名的经典,并在21世纪初入选了英国格兰兹出版社的"奇幻大师杰作系列"。乔治·马丁是当今世界幻想文学界为数不多的几位大师之一。

◎ 乔治·马丁

截至 2007 年，共 18 次入围雨果奖，共获得四次雨果奖、两次星云奖和一次世界奇幻奖。《热夜之梦》讲述了美国南北战争前后在密西西比河上发生的一段吸血鬼故事：雄心勃勃的船长和水手统治着密西西比河，在这条美国大动脉水道上竞相追逐，争夺金钱和荣誉。一条华丽的蒸汽轮船"菲佛之梦"一路飞奔，将这条大河上的所有快船都抛到身后。但它追逐的不是第一快船的荣誉，而是鲜血，因为驾

知识链接

安·莱斯的系列作品

安·莱斯，原名霍华德.爱伦.奥布里安，1941 年 10 月 4 日生于美国路易斯安那，曾被称为 20 世纪的吸血鬼女王。她的丈夫史丹·莱斯和她的儿子克里斯多福·莱斯也是作家。安·莱斯，在 1976 年出版推出《夜访吸血鬼》后，又出版了一系列的吸血鬼小说，在 25 年间以其非凡的想象力构建起了一个吸血鬼族的史诗。主要有：《天谴者的女王》、《恶魔蒙纳克》、《梅瑞克》、《鲜血与黄金》、《布莱伍德庄园》、《血颂》等。

驶它的是古老的吸血鬼。"菲佛之梦"将密西西比搅成一条血河,而它自身也渐渐变成一条血船。本书是乔治·马丁在吸血鬼题材上所做的大胆尝试,也是他最成功的作品之一。它以蒸汽轮船作为舞台,以追求梦想贯穿始终,彻底突破了以往人们对吸血鬼小说和吸血鬼形象的认识,不仅在当年的读者评选中位列三甲,而且不断再版,成为世界吸血鬼小说流派中的一座里程碑。

2005年,美国小说家史蒂芬妮·梅尔推出了一部扣人心弦的新派吸血鬼小说:《暮光之城》,之后又推出《暮光之城》系列:《暮光之城:新月》、《暮光之城:蚀》与《暮光之城:破晓》。被誉为《哈利·波特》之后最受欧美青少年欢迎的畅销小说。

◎ 史蒂芬妮·梅尔

梅尔是一名34岁的家庭主妇,她塑造出来的男吸血鬼爱德华·卡伦与女主角伊莎贝拉·斯旺相遇在美国华盛顿州西北方奥林匹克半岛的福克斯,犹如现代版的罗密欧与茱丽叶,演绎出吸血鬼和人类之间禁忌的爱。小说中,卡伦的家人们称自己为素食者,意思是以猎食动物维生。

而库伦家每个人都有特异功能。如爱德华的透视思想能力、艾莉丝的预知能力、贾斯柏的影响情绪能力等等。作者将主人公青春期的情感困惑与扑朔迷离的感情纠葛刻画得真切细腻、亦真亦幻的故事和曲折诡异的情节让读者见证了理智与情感的搏斗、灵魂与肉体的挣扎、人类与魔界在心灵上的碰撞与冲突……

如今，这套系列小说令梅尔一跃成为畅销吸血鬼小说作家，与"吸血鬼女王"安·莱斯分庭抗礼。2008年，同名电影也被搬上了大屏幕，受到年轻一代狂热追捧。

吸血鬼在这个时代，已不是恐惧的代言人，反而脱颖而出，获得万千读者拥护，以及为吸血鬼作家带来无法估计的财富与知名度。

在亚洲，也有不少以吸血鬼作题材的作家。如日本作家菊地秀行在21世纪八九十年代写的《吸血鬼猎人D》与早夭作家吉田直新世纪的《圣魔之血》，都设定在未来有人类吸血人种和普通人同时存在的世界观，两本书都曾被改编为动画。

中国的港、澳、台地区，有澳门作家少陈的小说作品《吸血鬼之恋》、香港作家乔靖夫的《吸血鬼猎人日志》系列、台湾小说家九把刀的小说《猎命师传奇》等。

总的来说，吸血鬼小说之所以能够被无数读者、作家所钟爱有它深刻的历史根源。其中最重要的因素是法国大革命。这场革命摧毁了现存的社会秩序，把恐怖同自由、平等观念带到了欧洲的每个角落，而吸血鬼小说的源头哥特小说正是在欧洲处于深刻历史变革时期，对已走向极端的理性主义和新古典主义的逆反。吸血鬼作为一个古老而神秘的传说形象，正好给作家们提供了创造极端情节和场景的机会，来表现人的内心世界，探索神秘的体验。此外，吸血鬼小说还有着极其深刻的心理根源，它能激起恐惧这种人类最基本的情感。

多年来，不仅通俗作家热衷于这个话题，许多一流的作家和诗人也有涉及，这就使得吸血鬼文学从通俗小说这一文学领域的"边缘地位"得以进入文学的主流。而文字的力量也让吸血鬼"重见天日"，直接在读者的面前展现它们永生的传奇，与其说是吸血鬼"重生"，不如说是小说家创造了吸血鬼展示力量的平台。

历年来的部分著名的吸血鬼小说

作品名字	作者	年份	备注
《吸血鬼传奇》	波利多雷	1816	第一本吸血鬼小说
《女吸血鬼卡米拉》	乔瑟夫协利	1872	经典女吸血鬼
《德古拉》	布拉姆斯托克	1897	吸血鬼经典形象
《我是传奇》	李察麦森	21世纪	50年代 将吸血鬼分为真吸血鬼、新人类和吸血鬼猎人三类
《吸血鬼复活记》	史蒂芬金	21世纪	70年代掀起吸血鬼热潮
《夜访吸血鬼系列》	安莱丝	1976开始	至今共有10个系列
《历史学家》	柯斯托娃	2005	掀起吸血鬼热潮
《暮光之城系列》	史蒂芬妮梅尔	2005开始	已出版4集

2 影视剧中的吸血鬼

以吸血鬼为题材的电影及电视剧数不胜数，而最初的吸血鬼电影差不多都根据小说《德古拉》改编。

第一部以吸血鬼为题材的电影开山之作诞生于上映于1922年，当时正值德国表现主义电影的黄金时期，德国表现主义电影大师茂瑙首次将布莱姆·斯托克的小说《德古拉》改编成电影搬上银幕。由于未能和原作者的遗孀达成协议，无法直接使用小说原名，而改名为《诺斯费拉图》，又名《吸血僵尸》，从而造就了第一部吸血鬼电影。

◎ 吸血鬼伯爵诺斯费拉

故事讲述了一个不来梅的房地产办事员哈特前往卡帕希恩山的古堡与他的客户诺斯费拉图伯爵进行一桩房屋买卖，临行前他将妻子托付给朋友马丁，经历千辛万苦，途中听到不少关于这个城堡闹鬼的传言，终于来到古堡附近的一家旅馆，当地人得知哈特要去古堡时都大惊失色，为了生意他还是去了。在哈特发现伯爵的吸血鬼身份后费尽周折逃离了古堡，而吸血鬼伯爵也已经启程去德国，他把自己的棺材装在了开往不来梅的船上，一路传播瘟疫到了港口船上已经空无一人。伯爵住进了他定购的房子，恶魔的到来让城市里瘟疫肆虐，人们一个个地死去。最后，哈特的妻子设计把自己献给吸血鬼，并且拖延时间，让阳光摧毁了这个可怕的怪物，拯救了不来梅，也拯救了整个世界……

这部早期的吸血鬼电影堪称典型的恐怖片，以风格取胜。黑暗、影子、苍白瘦削的吸血鬼，鲜明的哥特风格造就出强烈的舞台剧感觉。在导演穆瑙的天才导演下，整个影片呈现出一种令人毛骨悚然的气氛。而《诺斯费拉图》中的吸血鬼伯爵像一只古怪可怕、老鼠般的奇怪生物，给观众留下无比深刻的印象。由马克斯·施莱克扮演的吸血鬼伯爵极为成功，他无疑是电影历史上最令人恶心的角色之一。尽管穆瑙之后又有一些以吸血鬼为题材的影片问世，但是相比之下，马克斯塑造的吸血鬼形象始终是最典型、也最具代表性。据说因为马克斯·施莱克的表演和扮相给人的印象太过深刻，当时很多德国人都误以为马克斯本人就是一个吸血鬼而陷入了恐惧之中。自此之后，"德古拉伯爵"开始了对银幕长达几十年的绝对统治。

进入20世纪30年代以后，美国电影大师陶德·布朗宁让吸血鬼伯爵脱下野兽的外衣，摇身变为一个温文尔雅的匈牙利贵族。1931年，第一部有声彩色的吸血鬼电影《德古拉》诞生，这也是第一部正式授权的关于德古拉伯爵的电影。它非常符合当时好莱坞崇尚俊男美女的潮流，电影中吸血鬼伯爵的扮演者贝拉·卢古喜一句独白"我想吸你的血。"成为该片的名句，吸血鬼伯爵也由此得到了女性观众的喜爱。接着这股热潮，布朗宁又陆续拍摄了续集《德古拉之女》及《德古拉之子》等，掀起了美国经典恐怖类型片的序幕，电影公司最后更把《科学怪人》

◎ 陶德·布朗宁

的元素也加入了此系列的最后几集当中。与此同时，环球公司更是接连推出了一系列恐怖题材电影，包括《狼人》、《我与僵尸同行》等等，开创了20世纪40年代的B级片先河，"吸血鬼伯爵"也成为当时B级片中著名的标志。

20世纪50年代，英国汉默电影公司不甘人后，也开拍吸血鬼电影。1958推出的影片《德古拉》加入了一些情色和血腥的成分，几乎推翻了之前所有同类型题材影片的旧模式，结果成为恐怖电影史上的里程碑之作，而主角克里斯多福·李从此和他扮演的吸血鬼德古拉伯爵紧密联系在了一起。此后影片续集愈拍愈多，最后共有8部续集：1960年的《德古拉的新娘》、1966年的《德古拉：黑暗的王子》、1968年的《血溅坟场》、1970年的《嗜血伯爵》、《德古拉的伤疤》、1972年的《德古拉AD1972》、1974年的《魔鬼的仪式》及《七金尸》。而最后的一套更是与中国的香港邵氏电影合作，剧情很简单，是一群人消灭为害一方的僵尸和吸血鬼。影片杂糅了很多东西，说是中西合璧，其实就是不土不洋。西方传统吸血鬼故事中的德古拉、范·赫尔等辛系数登场，又加上了中国传说中的僵尸。整部影片看起来就是一锅鬼怪大杂烩，最终导致票房惨败。

在20世纪六、七十年代拍摄的吸血鬼影片中，比较优秀的是一部后来被改编成音乐剧的《天师捉妖》。这是电影大师罗曼·波兰斯基早期的一部作品，是一个十分搞笑的吸血鬼故事。片中讲述蝙蝠研究专家阿不罗修斯带领年轻助手阿尔弗雷

◎ 贝拉·卢古喜

◎《七金尸》电影海报

◎《天师捉妖》海报

德去特兰西瓦尼亚追寻吸血鬼,途中邂逅美丽的旅馆老板的女儿 Sarah,之后 Sarah 掉入吸血伯爵 Von Krolock 的圈套,二人于是进入古堡英雄救美……片中的地点和人物都遵循了波利多里的《吸血鬼传奇》,可以说是传统歌特形象的再次演绎。但是风格轻松幽默,也并非"正义战胜邪恶"的陈腐主题,因此在众多吸血鬼影片中脱颖而出。

到了 20 世纪 80 年代,在吸血鬼电影中,除了德古拉之外,终于有了全新形象的吸血鬼出现,如 1983 年的《千年血后》。在这部影片中,英国导演托尼·斯科特把我们引进了一个跨越时空,神秘而凄艳的吸血鬼世界。美艳迷人的凯瑟琳·丹内奥夫在片中扮演一位年轻貌美的女郎,她与戴维·鲍伊

饰演一对吸血鬼夫妻，他们依靠吸血而延续了生命，他们的爱情虽然历经了几个世纪，却始终闪耀着青春的光泽。本来他们就可以这样天长地久、幸福美满地生活下去，但不知为什么，一向俊逸冷傲的鲍伊突然迅速衰老，同时，他与凯瑟琳·丹内奥夫之间的爱情也因此出现裂痕，甚至走向终结。影片以永恒为话题，想要永恒的青春、永恒的爱情、永恒的诺言、永恒的一切，但是结果却并不是所希望的。永恒只是一个美丽的谎言，没有什么会永恒的，最终还是要尘归尘土归土。

1992年，又一部以小说《德古拉》改编的好莱坞大片《惊情四百年》推出。这也是深受好评的一部经典电影，导演是美国大名鼎鼎的弗朗西斯·福特·科波拉。与德国导演茂瑙的颠覆性不同，他拍摄的主旨在于还原小说原作。不过虽然该片明星云集，尽显古典华丽功力，黑暗的歌特气质也十分符合原著的味道，但表演的感觉非常舞台化。这部电影在吸血鬼电影史上在是重要的一站，这部电影与其他相同题材电影的不同之处在于它的开场，充分利用了历史上罗马尼亚君主弗拉德四世的传说，奠定了整部电影的凄美基调。

剧本在原著的基础上作了一些改动，在原著中，伯爵是因为淫念才接近乔纳森·哈克的未婚妻米娜，而在影片中，将米娜设定为伯爵四百年前死去的妻子的转世。伯爵因此将哈克囚禁在城堡之中，自己来到伦敦。他从一个脸

◎《惊情四百年》海报

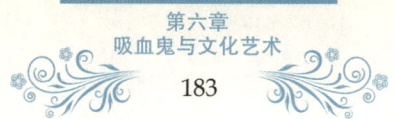

◎《夜访吸血鬼》

上皮肤干裂而惨白、梳着大分头的白发老伯爵变身成了一个戴着太阳镜颇有绅士风度的王子。充分体现了吸血鬼传说中"血是生命"的观点——血让人返老还童。这些血的来源是米娜的女友露茜。德古拉诱惑她,然后吸她的血,最终露茜死去,但实际上她是变成了吸血僵尸。范·赫尔辛博士和他的朋友们带着圣水、十字架、斧头来到了露茜的坟墓。恰逢她带着一个掠来吸血的孩童回到墓室。博士用十字架对着她,同时泼洒圣水口念《圣经》,最终用斧头砍下了她的头才制服了这个女吸血鬼。

米娜在德古拉的追求下迷上了他,并回忆起她的前世,决定也变成吸血鬼永远跟他在一起,但却被逃出城堡的哈克和众人制止。众人赶往城堡,并在日落之前杀死了德古拉。米娜不顾一切地扑上去把将死去的德古拉拖入了城堡。在死亡的最后时刻,德古拉终于大彻大悟,明白了什么是真正永恒的爱,重新回到了上帝主的怀抱。圣光照在他的脸上,恢复了神勇英武的德古拉伯爵的面容而死去。米娜含泪举起长枪,刺穿了他的心脏,割下了他的头颅。他们之间的爱情已从中得到升华和永恒。

影片忠实地再现了德古拉伯爵传说中的贵族风度,黑色长卷发、浓密的小胡子、深

◎ 布拉德·皮特和汤姆·克鲁斯

陷的眼睛、礼服和礼帽等人物造型都与史书中的弗拉德四世极为接近。影片开头的设计让吸血鬼传说平添了几分凄美之情，令人开始思考人性和宗教。

1994年，另一部跨越时空、纵横想象的鸿篇巨作《夜访吸血鬼》诞生。这部电影改编自安·莱斯的畅销系列小说：《吸血鬼列传》的第一部。事实上，这部电影的小说早在1975年刚刚出版的时候就已被人买走了拍摄权。但直到20年之后才被美国导演尼尔·乔丹搬上了银幕，这期间经过了无数次的改编和完善。影片一经推出，就引起了巨大的反响。在这部影片中，导演以吸血鬼的世界这一独特的层面为出发点，将真、善、美与假、丑、恶进行了比较，并以此来影射当代社会中的许多潜在的危机和罪恶。导演在影片中牢牢地把握住了人性这一命题并加以阐发。因此，虽然近年来吸血鬼题材的影片屡见不鲜，这一部却显得分外与众不同，富有张力和动人的情感力量。

这部影片之所以能获得巨大的成功，还在于演员阵容的空前强大，其中包括了布拉德·皮特、汤姆·克鲁斯、安东尼奥·班德拉斯等极富票房号召力的实力派偶像巨星，他们以精湛的演技以及帅气的形象征服了无数的影迷。就连客串配角也是颇有名气的实力派明星克里斯汀·史莱特。各路明星的演技在影片中发挥得淋漓尽致，令影片大放光彩。

1998年，一部由1973年风靡美国的漫画Marvel Comics改编的电影《刀锋战士》登上大银幕。影片中的刀锋战士自小就被专门打造新式武器的吸血鬼猎人收养，专门出入有吸血鬼出没的场所，拯救即将被消灭吞噬的人类，凭着他驾骑着银色的摩托车，手持火力强大的巨型火焰枪，以及无敌旋风刀和身后背负着的那把长剑，不死的无敌战神刀锋战士所向披靡。只要他一出现，躲藏在人群当中的吸血鬼将无所遁形。于是，在这个未来的世界中，刀锋战士成了人类和吸血鬼双方争夺生存空间下最勇猛的正义战士……片中的特技效果令人印象深刻，与原著的乖戾气氛相得益彰，可以说是一部最能满足观众关于阴暗需要的商业化的影片。

2002年，另一部同样改编自《吸血鬼列传》系列的电影《吸血鬼女王》推出。这部电影取自小说系列的第三部，算得上是电影《夜访吸血鬼》的续集。凭着《夜访吸血鬼》的完美票房，《吸血鬼女王》还未上映就成为世人关心的焦点，在上映后，票房一度位居北美票房榜的冠军。

之后，吸血鬼电影在票房浪潮的冲击下越来越商业化。如2003年的《黑夜传说》、2004年的《范海辛》、2006年《吸血鬼莱恩》……几乎都是清一色的华丽动作风格。但这些新世纪的代表性吸血鬼影片投资中等

◎《刀锋战士》海报

◎《范·海辛》海报

◎《暮光之城》

◎《吸血鬼莱恩》海报

（一般在4000到8000万之间），票房也平平（几乎没有过亿），看似越拍越多，却始终被定位在B级恐怖片。

随着2008年电影《暮光之城》的上映，似乎宣告着吸血鬼电影又一个复兴时代的到来。这部根据史蒂芬妮·梅尔的同名畅销小说改编而成的新派电影，，彻底改变了吸血鬼电影的定位。影片讲述了一个普通高中女生伊莎贝拉与吸血鬼男孩爱德华之间缠绵悱恻的爱情故事。赢得了众多青少年粉丝的追捧，影片自2008年11月份在美国上映后，横扫当年的"美国青少年选择奖"，共获剧情类最佳电影、爱情类最佳电影、最佳男女主演、最佳反派、最佳亲吻、最佳打斗、最佳男女新演员、最佳电影原声带等在内的11项奖项，并由此掀起了一股吸血鬼青春片热潮。

除了电影，有关吸血鬼的电视剧也不少。第一部有关吸血鬼的电视剧是1979年根据斯蒂芬·金小说改编的《午夜行尸》，但由于特效粗糙、叙事拖沓，吸血鬼的造型也很单一，反映很一般。直到20世纪90年代，随着电视剧《捉鬼者巴菲》的热播，吸血鬼题材的电视剧才开始流行。《捉鬼者巴菲》讲述了一个具有特异功能的少女巴菲同来自地狱的各种吸血鬼及灵异恶魔们战斗、完成天赋使命的故事。剧集在传统的捉鬼片中加入了青春和爱情的元素。主角巴菲由美少女萨拉·米歇尔·盖拉扮演，连续数年垄断全美少年票选最佳电视女主角，此外，出色的特技场面、扑朔迷离的情节和眼花缭乱的捉鬼场面十分引人

◎《血色月光》

◎《真爱如血》

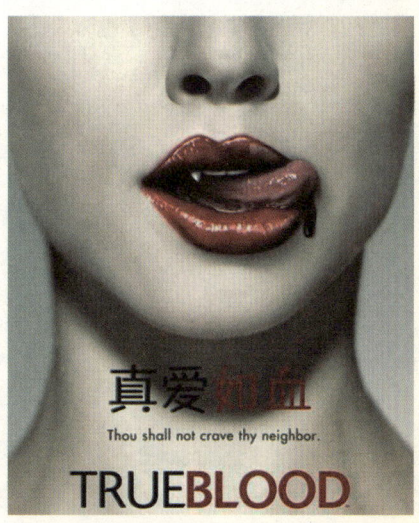

入胜。这之后，便涌现出了不少有关吸血鬼的电视剧，如《真爱如血》、《血色月光》、《血之羁绊》、《吸血鬼日记》、《夜行天使》等。

《真爱如血》是一部根据查琳·哈里斯的畅销系列小说《南方吸血鬼谜案》改编的美国电视连续剧，于2008年9月由HBO电视台播出。事实上，《真爱如血》的故事早已为美国人所熟知，多年前当女作家莎莲·哈里斯的《南方吸血鬼》系列出版时，就荣登纽约时报畅销书榜，更是拿走了推理、惊悚、奇幻、浪漫等各类大奖。而这部电视剧的编剧艾伦·鲍尔则标榜此剧是"为聪明人准备的

大餐"。在这部剧中，虽然吸血鬼们已获得了人造血，可以不以吸食人血为生，但是人类对他们惯有的恐惧，却依然存在，无法轻易消除。在一个新的时代，人类将如何战胜延续了千百年的恐惧，与吸血鬼共处？这或者就是这部电视剧带给人们的思考吧。

另一部美国畅销电视连续剧《吸血鬼日记》由美国女作家L.J.史密斯的同名畅销系列小说改编而成。该剧集青春、魔幻、恐怖、剧情于一身，成为2009年CW频道最受欢迎的电视连续剧。

吸血鬼电影年代纪

第一阶段："德古拉伯爵"统治世界

时间：20世纪20～70年代

风格标记：黑暗、怪诞、恐怖、哥特风

代表作：《诺斯费拉图》、第一部有声彩色的吸血鬼电影《德古拉》

第二阶段：吸血鬼有了真性情 集大成作出现

时间：20世纪90年代

风格标记：华丽、大气、人性化

代表作：《惊情四百年》《夜访吸血鬼》

第三阶段：吸血鬼被包装成了赚钱工具

时间：2000年以后

风格标记：动作、特效、商业化

代表作：《刀锋战士》、《黑夜传说》

第四阶段：吸血鬼电影焕发朦胧重生

时间：《暮光之城》火爆上映后

风格标记：另辟蹊径、返璞归真

代表作：《暮光之城》

3 动漫与游戏中的吸血鬼

自从1931年的影片《德古拉》上映并获得成功之后，近80年来各种各样以吸血鬼为题材的影片层出不穷。受电影的影响，动漫与游戏也开始涉足吸血鬼的内容。而在所有的作品当中，日本的动漫与游戏可算主流。

在日本，漫画、动画与游戏之间总是存在着紧密的联系。一部优秀的小说往往会同时改编漫画、动画和电子游戏。这充分体现了日本动漫产业的商业化模式成功之处。

20世纪80年代末，一部以美少女形象打造的吸血鬼动画片《吸血鬼美夕》在日本引起了广大观众的注意和热潮。其细腻唯美的画风，成为少女漫画中新的指标。

《吸血鬼美夕》的原版漫画连载于1988年的《Suspenlyla》杂志，作者为垣野内成美，她的画风柔美、轻灵而带有梦幻色彩。而这部动画版的创作

◎《吸血鬼美夕》

者则是垣野内成美的丈夫平野俊贵。这部动画片没有沿用以往动画的绝对色调系，改用混色的天然色上色。精致的画面，美丽的人物设定、富有哲理的画面、故事安排，与相辅相成的配乐等，无一不为这部作品增添了几分深度及艺术价值。动画片上映后红遍整个日本。即使是现在，与其他动画作品相较比，依然毫不逊色。

2001年，日本动画界接连推出了三部以吸血鬼为题材的动画片：《皇家国教骑士团》、《最后的吸血鬼》以及《吸血鬼猎人D——杀戮的欲望》。而在这三部作品当中，获得评价最高的就是《吸血鬼猎人D——杀戮的欲望》。这部电影是根据日本作家菊地秀行的同名系列奇幻小说中的一部《妖杀行》改编，是一部制作精良、浪漫唯美的幻想动画电影。

《吸血鬼猎人D》小说于1982年首次发表，作者以自己理想的吸血鬼为题，创作了半人半吸血鬼、以猎杀吸血鬼为生的赏金猎人D。它的电影版由日美共同制作，担任剧本、监督和分镜头剧本的川尻善昭，他的作品都曾多次在海外放映并赢得极高评价，影响力比在日本还要大。尽管这是一部动画片，但它对于美术的理解和细部的处理堪称典范，尤其是吸血鬼的形象非常具有魅力。它们插画出自日本著名的插画大师天野喜孝笔下。风格华丽美艳，浪漫主义气息四溢，表现出高雅的韵味。此外美国著名动画制作室"MADHOUSE"也应邀加盟，使得这部动画影片的数码特效更加出色。除了打斗场面很激烈，爱

◎《皇家国教骑士团》海报

情内容更具看点，把吸血鬼的感情完全人性化，异常忧伤美好。

2003 年，一本由日本小说家吉田直撰写、漫画师九条清创作的漫画书《圣魔之血》在角川书店《ASUKA》漫画月刊上连载，这本书的小说版发售于 2001 年，小说的内容环绕在"大灾难"造成文明毁灭的遥远未来，异种智慧生命体吸血鬼与人类的持续争斗的黑暗时代。书中的插画由日本画风最华丽的插画家之一的柴本执笔，小说出版后因其诡异的剧情和华丽的画风吸引了无数圣魔迷们，并获得了角川书店 Sneaker 大奖，也因此被称成为"动画化不可能的作品"。

◎《吸血鬼猎人 D》

由于柴本插画的珠玉在前，漫画师九条清可说是顶承着众望和压力。由于漫画中原故事被割裂得比较严重，所以效果并不能使人非常满意，虽然如此，仍然受到了各界的重视。之后，《圣魔之血》又被日本知名动画公司 GONZO 制作为同名动画片，上映后大获好评，被称赞为"人类未曾体验过的画面。"

2008 年，另一部改编自少女漫画的日本动画片《吸血鬼骑士》上映，它的原作由漫画家樋野茉理创作，曾连载于白泉社《月刊 LaLa》上，目前漫画单行本六卷就有累计销售 150 万部的惊人纪录。这部漫画和其他少女漫画的设定大致相当，都

◎《圣魔之血》柴本插画

◎《圣魔之血》动画

◎《吸血鬼骑士》漫画

是以校园恋爱为题材，画风也是典型的女性漫画画风，虽然这样的题材在少女漫画界已经泛滥，但它的看点是在人物设计方面下了工夫，其中的吸血鬼都是由英俊、潇洒的帅哥组成。

整个电视动画共分两季，第一季共13话于2008年4月至2008年6月间在日本播放，第二季于2008年10月6日起播放到同年12月29日。除了电视动画，这部漫画也被同时改编为轻小说与电子游戏。

在游戏方面，有关吸血鬼的游戏可谓种类繁多，不过最受游戏玩家者欢迎的多为动作冒险与角色扮演类型的游戏。

与电影多取材于德古拉的故事不同，直接与德古拉相关的游戏则相对较少，其中最优秀的一部是由日本游戏公司KONAMI制作的《恶魔城》系列游戏，这也是日本乃至亚洲地区与德古拉有关的游戏作品的代表。特别是《恶魔城月下夜想曲》，更让德古拉与他的

◎ 游戏《恶魔城月下夜想曲》

吸血鬼故事风靡世界。游戏主要剧情为吸血鬼因故复活，由玩家控制的主角进入吸血鬼城堡也就是恶魔城，消灭吸血鬼。

在游戏里，德古拉伯爵拥有的黑暗力量被称做"支配之力"，这种力量不但可以让城堡附近地区永远处于夜晚的时空，更可以创造各种各样的妖魔鬼怪，组成各方面攻守兼备的强大军团……

《避世之血族》是一部动作角色扮演的单机游戏，于 2004 年 11 月发布。在这个游戏中，玩家可以选择秘党的七个血族，并且根据纸上游戏规则决定人物的初始属性。游戏背景在当代的洛杉矶，玩家扮演一个刚刚出道的吸血鬼，要在当地亲王的指使下

◎ 游戏《恶魔城》德古拉伯爵

◎《避世之血族》

慢慢往上爬。首先完成一些小任务，然后可以选择转投其他血族。游戏中所有的经验都来自完成任务，这是完全遵照纸上游戏规则的设计。

此外游戏还引入了"避世"这一属性。在游戏背景中，秘党吸血鬼必须在人类面前隐藏自己非自然的一面。假如过多地暴露自己吸血鬼的身份，可能引来强大猎人的追杀。当然，也可以故意把这些敌人吸引过来，不过那些敌人都是非常难对付的对手。

另一部以血腥以血腥著称的游戏《吸血莱恩》也相当火暴。它讲述了20世纪30年代人类与吸血鬼混血儿莱恩对抗德国纳粹的故事。与其他的动作冒险游戏不同之处，在于血腥的场面和出色的动作打斗：主角莱恩为了在一堆异形人、异种蜘蛛、教徒、吸血鬼中杀开血路，使用了数十种武器。游戏的装备包括高精度手枪、散弹枪和高爆炸弹等，还有更多的秘密武器⋯⋯这部电脑游戏被德国导演维·波尔看中，并且于2005年搬上了大银幕。

◎ 游戏《吸血莱恩》中的莱恩

　　就在影片上映的同时，在游戏玩家的呼声中，《吸血莱恩》发布了它的续集《吸血莱恩2》。游戏讲述了人类与吸血鬼混血儿莱恩的斩妖除魔的故事。原作故事发生在1930年代，敌人主要是纳粹军人，而这次的故事则发生在现代。莱恩的父亲决定将吸血鬼世界解放出来，让他们统治人类世界。依靠能够遮挡阳光的寿衣，莱恩之父的计划即将实现，拯救人类社会的希望就落在了莱恩身上。

　　在第二代游戏中，新的技术使得游戏的暴力性和观赏性得到进一步的提高。在游戏中莱恩拥有30多种动作特技，利

用各种铁杆可以做出既花哨又实用的动作。本作中莱恩的终级技增加到了12种：除了夜视、弹道时间、高跳、吸血、暴走等能力，另外还增加了一种育鬼的能力。借助强化的 Infernal 图形引擎，游戏中所有人物的各个部分肢体都是独立的，手、脚、头部、甚至躯干都可以被砍掉，此外还有很多全新的游戏设定。

由于电脑的普及，越来越多设计精美的电脑游戏开始在全球风靡。而吸血鬼以其神秘、恐怖的形象无疑成为游戏开发商及玩家们钟爱的对象。

《吸血鬼骑士》中的等级分划

LEVEL A 纯血种

LEVEL B 贵族阶级

LEVEL C 一般吸血鬼

LEVEL D 原本是人类的吸血鬼

LEVEL E=LEVEL END 位于金字塔外，LEVEL D 会变成 LEVEL E，理性逐渐被侵蚀，一步步走向灭亡，由贵族阶级的吸血鬼统管。

4 音乐剧与音乐中的吸血鬼

除了文学、影视、动漫和游戏，在音乐剧与音乐的领域中也有很多以吸血鬼为题材的作品。

早在1820年，波利多里的小说《吸血鬼传奇》与《吸血鬼》和布莱姆·斯托克的《德古拉》出版之后，就已经开始有相关剧作的改编，由此衍发的戏剧和音乐剧泛滥了英国与欧洲大陆的舞台。尤其是法国，当时巴黎的每家剧院都拥有自己的《吸血鬼》剧目。吸血鬼迷们喜欢到专演恐怖戏的剧院，向他们的偶像齐声喝彩。由法国作家诺迪耶根据《吸血鬼传奇》改编的戏剧《吸血鬼》于1820年在圣马丁门剧院上演、1823年重演，剧院里经常满座。其他以吸血鬼为主题的创作还包括情节剧、通俗剧与歌剧。

1924年，在布莱姆·斯托克

◎《吸血鬼之舞》

去世12年后,《德古拉》再次被搬上舞台,1927年在伦敦重演,大获成功,同年9月又在纽约百老汇上演,吸血鬼德拉库在舞台上的晚礼服和黑披风,也成为吸血鬼形象的共同特征。

1997年,一部根据罗曼·波兰斯基斯执导的电影《天师捉妖》改编的德语版音乐剧《吸血鬼之舞》在维也纳登台,引起强烈轰动,被称为"黑暗音乐剧"的代表作。这部音乐剧由吉姆·斯坦曼担任作曲,迈克·昆茨 Michael Kunze 编剧作词。在气氛营造和表现手法上面,可以说是黑暗音乐剧的代表。第二年,这部音乐剧便获得了最佳音乐剧,最佳音乐和最佳剧本等奖项。

2000年,该剧登上德国斯图加特的舞台并且连续上演了三年,同样取得了巨大的成功。之后,又在德国汉堡新佛罗拉大剧院举行首映式,获得空前反响。值得一提的是,组织者别出心裁地为每位贵宾准备了一副吸血鬼牙套,让大家在摄相机面前都展开了"另类"的笑容。然而遗憾的是,该剧并未受到美国纽约百老汇观众的青睐,在正式上演56场后就匆匆落幕了。所幸,如今在德国各地以及周围的国家不断有新版演出,反响

◎ 埃尔顿·约翰

都很不错，日本版也已开始上演。

2005年年初，一部根据德古拉剧作的改编的法语音乐剧《德古拉——爱与死之间》在蒙特利尔首演。作为以吸血鬼为主题的音乐剧，该剧有着不俗的品质，

同年，著名音乐人埃尔顿·约翰将安·莱斯创作的吸血鬼小说改编为音乐剧，取名为《莱斯特》，在百老汇公开上演。这部音乐剧的创意来自安·莱斯的吸血鬼小说中的人物莱斯特，并且包含了《夜访吸血鬼》、《吸血鬼莱斯特》和《诅咒的皇后》的内容。埃尔顿·约翰认为《夜访吸血鬼》给这部音乐剧提供了一个很好的框架。他说："我觉得这本书写得很好，而且里面出现了很多地方可以作为音乐剧情节发生的舞台——巴黎、新奥尔良等等。它写得很形象，可以成为音乐剧很好的主题。这是很多书做不到的。"他希望将这个充满了矛盾性格的吸血鬼形象搬上舞台，并对这个故事进行艺术化的二次创作。

埃尔顿·约翰是一个充满创造力的音乐人，他以往创作的音乐剧《狮子王》和《爱美达》都获得了巨大的成功。在他创作的音乐剧中，有大量表现细腻情感的段落。在《吸血鬼》中，他希望将一个更人性化的吸血鬼呈现给观众。

2008年，美国Fearnet网站，与著名音乐录影带导演玛丽·兰伯特联手打造了一部吸血鬼题材的音乐连续剧《黑暗时代》。Fearnet网站由索尼影业、美国有线电视运营商康卡斯特以及狮门影业于2006年万圣节前夕共同创建，是一家专门为恐怖电影粉丝们提供各种精彩恐怖片的网站。

《黑暗时代》围绕着一位从长眠中苏醒的年轻吸血鬼，与一名能够洞悉一切声音的少女一同探索这两个平行世界的故事。担任这部恐怖音乐剧的编剧和导演的玛丽·兰伯特曾经执导过麦当娜的《宛若处女》与《物质女孩》歌曲音乐录影带。在这部《黑暗时代》中，玛丽·兰伯特融入许多音乐的元素，而几支哥特风格的乐队Zombi、Junius与Jesu乐队更是为该剧带来了精彩的配乐，这正是与大多恐

怖片不同之处。对于这部音乐剧，Fearnet 的总裁充满信心地说："时下正是吸血鬼题材最火爆的时候，吸血鬼加上前卫的音乐，再请来玛丽·兰伯特执导拍摄，绝对是天衣无缝的完美结合。"

音乐剧作为一门综合的艺术，将音乐、戏剧与舞蹈等融为一体，因此深受大众的欢迎。不过，由于排外的舆论、保守的眼光，使得不少黑暗题材的音乐剧不易搬上欧洲以外的舞台。

与戏剧和音乐剧不同，音乐的领域显然更为宽容与大众化。

有关吸血鬼的音乐，似乎总脱离不了哥特音乐的特征。一种恐怖、又带神秘色彩的混合体，它的特色是缓慢、悲伤甚至歇斯底里的，仿佛与吸血鬼的情节交融，永远流露出残暴中带着优雅，疯狂中夹着浪漫，恐惧中又挥之不去的诱惑。

在 1992 年的电影《惊情四百年》中，所有的配乐都保留了哥特式的暴力黑暗与浪漫共存的精髓。其中的开场曲《The Beginning》用阴沉的打击乐谱写残暴战争，渐强渐急的音符对悲痛欲绝凡人心理的描述，缥缈的女声的吟唱引出对宗教的怀疑，最终浮现的节奏见证吸血鬼的诞生；听起来简单的《Lucy's Party》是一片阴郁中的亮色；片中的爱情主题曲《Love Remembered》把"不朽"发挥到了极致；《The Storm》在纯惊悚层面上表现出浓郁的古典风情；《Love Song For A Vampire》惊天地泣鬼神的唱腔让人倍感惊艳。

1994 年的电影《夜访吸血鬼》的原声大碟由美国配乐人艾略特·戈登

◎《夜访吸血鬼》

◎《吸血鬼女王》

塞尔作曲，他是最具创造精神的先锋配乐人之一。他在近几年形成独特的音乐风格，主要以铜管乐，弦乐为主，并融入了爵士、摇摆乐的元素在其中。

在《夜访吸血鬼》的影视配乐中，艾略特·戈登塞尔运用大量的电子乐和其他器乐，将精彩的音乐旋律与华美的电影情节完美地融合在一起。该片的音乐黑暗而唯美，非常动人，作曲家也因此首度获得金像奖原创音乐的提名。可以说，正是音乐的感染力，让这部电影更具独特魅力。

2002年首映的电影《吸血鬼女王》中，，则成功地将摇滚音乐与吸血鬼主题组合在一起。影片营造出的传奇与现代混杂的诡异音乐气氛，足以成就一部电影的经典。负责影片配乐的是美国科恩乐队的主唱：强那森·戴维斯。戴维斯与科恩乐队以暴烈摇

◎ 五月天《夜访吸血鬼》MV

滚曲风见长，同时也糅合了一些 hip-hop 要素。戴维斯为《吸血鬼女王》特别制作了 5 首单曲。邪恶的摇滚，带着吸血鬼的华丽与颓废，成为《吸血鬼女王》最大的特点和最出彩之处。

2008 年，电影《暮光之城》展现出了新生代流行文化力量的强大，片中的音乐选择摆脱了传统电影的哥特风。

除了电影中的音乐，在流行乐坛，在吸血鬼为创作灵感的音乐作品也不在少数。以中国乐坛为例：台湾音乐组合五月天、小天王周杰伦等歌手就相继推出《夜访吸血鬼》、《吸血鬼》、《威廉古堡》、《跨时代》等以吸血鬼为题材的歌曲及音乐电视 MV。

其中，《夜访吸血鬼》由台湾组合五月天创作，歌曲不但借用了电影的片名，还以 MV 的形式重现了吸血鬼的黑暗风格。主唱阿信更是亲自化身为帅气的吸血鬼，并且请来了一名外形艳丽、身材高挑的中法混血 Model 作为吸血鬼阿信的"猎物"。为了渲染出气氛，导演特地在阳明山上找到一间有着中古世纪华丽古典风格的餐厅，并且布置成教堂的样子，华丽的水晶吊灯及巴洛克式的家具让现场充满浪漫凄美的氛围……

"藤蔓植物爬满了伯爵的坟墓 / 古堡里一片荒芜长满杂草的泥土 / 不会骑扫把的胖女巫 / 用拉丁文念咒语啦啦呜 / 她养的黑猫笑起来像哭啦啦啦呜 用水晶球替人占卜……"2001 年，台湾歌手周杰伦的一首《威廉古堡》曾在中国风靡一时，但现实中并没有一座以此命名的城堡存在。经考证，"威廉古堡"很可能就是传说中的吸血鬼的聚集地"布朗城堡"。古老的传说使得这座昔日的古堡充满了传奇色彩。而这首带着魔幻色彩的《威廉古堡》也同样充满了浓郁而怪异的魔幻色彩，开启了每个人的想象空间。

2010 年，周杰伦在第十张全新专辑《跨时代》中，又再次加入了吸血鬼的元素。不断超越自我的周杰伦表示："虽然 9 年前我自己就写了《威廉古堡》，这次我认为可以重新再写个进化版的吸血鬼歌曲，就是新专辑里的一首歌曲《跨时代》，跟我之前的《威廉古堡》有所区分，是不一样的感觉。"新的海报宣传中，周杰伦以中古世纪的吸血鬼新造型亮相，他坐在餐桌前若有所思、脸色苍白、唇色略显红润，有着吸血鬼给人的原始印象，而气宇轩昂的他在西装外套之外又罩上羽毛披肩，

满身贵族气息,俨然是一个住在华丽又阴暗城堡中的神秘"吸血鬼王子"。造型师为他在指甲上贴上带有铆钉的指甲片,让握着酒杯的手流露出有个性的华丽感!周杰伦的眼睛还戴上了特殊隐形眼镜,一双电眼里有着动物般的直立椭圆瞳孔,让吸血鬼的整体造型华丽又令人战栗……

有关吸血鬼的流行歌曲

五月天的《夜访吸血鬼》、台风的《吸血鬼》、卡奇社的《吸血鬼》、蟑螂《吸血鬼》、姜华的《吸血鬼》、sweety 的《德古拉伯爵》、周杰伦的《威廉古堡》和《跨时代》、仲维军的《德古拉之吻》、陈海玲的《迷情德古拉》。

5 油画中的吸血鬼

1902年,一幅名为《吸血鬼》的油画作品面世。作品公之于世的时候,立刻引起了强烈的反响。这幅油画是挪威艺术大师爱德华·蒙克于1894年创作的。画中有一名披着红色头发的女吸血鬼正亲吻一个隐于黑暗的男人,女子白皙的胳膊搂着男子,男子面朝下窝在女子的怀里,左手抱着女子的腰。画面的背景是纯黑色,给人以很重的压抑感,男子的衣服也为黑色,与背景融为一体。有评论家认为这是蒙克造访妓女的场景,还有些人认为这是画家对他死去的姐姐的不伦幻想。几年后,德国纳粹指责这幅作品是精神上的"堕落"。《吸血鬼》成为蒙克最受欢迎和复制数量最多的画作。

◎ 蒙克《吸血鬼》

《吸血鬼》属于蒙克"生命的饰带"系列。该系列共20幅作品,其中包括蒙克的名作《呐喊》和《圣母》。《吸血鬼》是1893至1894年间蒙克创作的四幅吸血鬼画中最重要的一幅,也是保留在私人藏家手中的唯一一幅,其余三幅都被美术馆收藏。

蒙克的收藏者约翰·安克

1903年买下这幅画，1934年将其转卖给另一位收藏者并保留至今。这幅画借给美国大都会美术馆已逾十年。

纽约苏富比印象主义和现代艺术部主管西门·肖介绍说："蒙克的画近期也有拍卖，但这一幅绝对是重磅炸弹，像《呐喊》一样，《吸血鬼》以强烈的情感表达一个简单而永恒的主题。画中一对爱人在黑暗中相拥，表达了爱既温柔又痛苦的矛盾。"

《吸血鬼》反映了本世纪初人们对妇女解放运动的恐惧。一些评论家对它的反常规感到非常愤怒，认为它像在描绘施虐受虐狂的激情。

知识链接

爱德华·蒙克

蒙克生于1863年，卒于1944年，是西方表现主义绘画艺术先驱。爱德华·蒙克出生在挪威的一个知识分子家庭。父亲是位军医，母亲也受过良好的艺术教育。5岁那年，母亲因患肺结核而去世，姐弟五人由姨母代养。母亲去世后，父亲抑郁的神经强烈地感染了蒙克，这是他一生中首次感受到死亡的恐怖。

蒙克13岁那年，年长两岁的姐姐也因肺病去世。她的死再次刺激了蒙克的神经。接下来他的妹妹也患了精神分裂症。这一系列的打击所引发的伤痛深深地印在了蒙克的内心里，决定了蒙克的性格和他前半生创作的基调。对蒙克来说，美术是一个表达他悲伤情感的途径。虽然他一生沉迷于女性，但他始终都没有结婚。

附 录
探访吸血鬼地图

世界上各种文化/国家的吸血鬼的名称及国家（并不涵盖文学角色）

Abchanchu – 玻利维亚

Abere 阿贝雷 – 美拉尼西亚

Acheri – 非洲

Adze 阿泽 – 加纳和多哥

Agogwe – 坦桑尼亚

Agta 阿格塔 – 菲律宾

Akhkaru – 亚述

Alfred Kaser 阿尔弗雷德卡塞尔 – 慕尼黑，德国

Algul 阿尔居尔 – 伊朗

Alqul 阿尔居尔 – 沙特阿拉伯

Alnwick Castle 阿尼克城堡 – 英国

Alp – 德国

Aluka 阿吕卡 – 叙利亚、以色列

Andilaveris – 其索斯岛，希腊

Angiak – 阿拉斯加

Animalite – 西班牙

Aniukha – 西伯利亚，俄罗斯

Antoine Leger 安托万妮格 – 凡尔赛宫，法国

Arnold Paole(Paul) 阿诺德保莱（保罗）– 塞尔维亚

Asanbosam – 非洲

Asema – 南美洲

Asiman – 西非

Aswang – 菲律宾

Ataru – 西非

Atraiomen – 加勒比群岛

Aufhocker – 德国

Azeman 阿兹曼 – 苏里南

Baital – 印度，也叫作 Vetala 或 Betail

Bajang 伯藏 – 马来西亚

Baka 巴卡 – 巫毒传统

Bantu 班图 – 印度，主要分为三种：Bantu Dugong、Bantu Parl、Bantu Saburo

Baobhan Sith– 苏格兰高地

Baron Roman von Sternberg–Ungern 罗马·冯·斯登堡·温格恩男爵 – 俄罗斯

Bas 巴斯 – 马来西亚

Bebarlang – 菲律宾

Bela Kiss 贝拉奇斯 – 匈牙利

Belgrade vampire 贝尔格莱德吸血鬼 – 南斯拉夫

the Berwick Vampire 贝里克吸血鬼 – 12 世纪的英国

Bhūta 布塔 – 印度

Bibi 比比 – 巴尔干

Blow Vampire 布罗吸血鬼 – 1706 卡达姆，波希米亚

Blautsauger – 德国，也叫作 Blutsauger

Brahmaparush – 印度

Breslan Vampire– 17 世纪布雷斯劳，波兰

Bruja 猎人 – 西班牙和中美洲

Bruxa – 葡萄牙，男性被称为 Bruxo

Buckinghamshire Vampire 白金汉宫吸血鬼 – 1196 白金汉郡，英国

Cadaver Sanguins – 中世纪英国

Callicantzaro – 希腊

Camazotz – 玛雅神话

Captian Porovsky – 立陶宛

Catacano – 克里特岛，也叫作 Kathakano

Cihuateteo – 阿兹特克神话

Chedipe – 印度

僵尸 – 中国

Children of Judas 犹大的后裔 – 保加利亚、罗马尼亚、塞尔维亚

Chordwea – 孟加拉国

Chupacabra 卓柏卡布拉 – 智利，墨西哥，美国

Churel – 印度，也叫作 Churail

Cihuacoatl

Cihuateteo – 墨西哥

Countess Elga 埃尔加伯爵夫人 – 1809 喀尔巴阡山脉

The Corwin Family 克温家族 – 佛蒙特，美国
Croglin Grange 克罗格林格兰奇 – 1900 年英国

Dachnavar – 亚美尼亚，其他的拼法：Dakhanavar、Dashnavar、
Danag – 菲律宾
Dearg-due – 爱尔兰，其他的拼法：Dearg-dul
Dhampire – 半吸血鬼/吸血鬼混血儿，其他的拼法：Dhampyr、Dhampiresa、Dampyr、Dhampir
Dila 迪拉 – 菲律宾
Djadadjii
Doppelsauger – 德国，其他的拼法：Dubblesuger

Edimmu – 苏美尔/伊拉克，其他的拼法：Ekimmu
Empusia – 古希腊，也称为：Mormolykiai、Empusas
Ereik – 俄罗斯
Estrie – 犹太传统

Fealaar – Scotland
Fifollet – 美国，其他的拼法：Feu Follet
Florencio Rouge Fernadez
Francois Bertrand 弗朗索瓦贝特朗 – 1840 年法国
Fritz Haarmann 弗里茨哈曼 – 1879 年至 1925 年德国

Ganrielle de Launay – 1760 年法国
Gayal 格耶尔 – 印度
Ghul 古尔 – 阿拉伯、日本、菲律宾，其他的拼法：Ghoul 食尸鬼、Algul 阿尔居尔
Gilles de Rais – 法国 1404 至 1440 年
Gilles Garnier – 法国
Glastig – 苏格兰
Grando the Carniola Vampire 格兰多的卡尼鄂拉吸血鬼 – 南斯拉夫 1689

Hannya 般若 – 日本
Hidam Vampire – 匈牙利

The Highgate Vampire 海格特吸血鬼 – 海格特公墓英国
Impundulu – 非洲佛得角，复数 iimpundulu，也叫作 ishologu
Incubus 梦魇 – 中世纪欧洲，女性叫 Succubus 魅魔
Inovercy – 俄罗斯
Ivan Vasilli – 俄罗斯 1897

James P. Riva 1980
James Brown – 美国
Jaracaca – 巴西
Jigarkhwar – 印度，也叫作 Jigarkhor
John George Haigh 约翰乔治黑格 – 英格兰 1910 年 ~1949 年
Joseph Vacher 约瑟夫瓦谢

Kali 迦梨 – 印度
Kappa 河童 – 日本，以下变形：Gataro 川太郎、Kawako 川子
Kasha 卡沙 – 日本
Kataknana – 克里特岛
Kephn – 缅甸
Kresnik 库雷什尼克 – 斯洛文尼亚，也叫作述 Krsnik
Krvoijac – 保加利亚
Kudlak 库德拉克 – 捷克斯洛伐克
Kuzlak – 达尔马提亚
Kukudhi – 阿尔巴尼亚
Kyuuketsuki 吸血鬼 – 日本

La Llorona 拉约罗讷 – 中美洲和美国
Lamia 拉米亚 – 利比亚
Lampire – 波斯尼亚
Langsuir – 马来西亚，也叫作：Langsuyar、Pontianak、Kuntilanak
Lapps 拉普 – 拉普兰
Lemures – 古罗马
Leanhaum 玉树 – 爱尔兰
Liebava – 摩拉维亚

Lidérc – 匈牙利
Lilith 莉莉丝 – 苏美尔 / 伊拉克，也叫作：Lilitu 利利图
Lobishomen – 巴西和葡萄牙
Loogaroo – 加勒比群岛 / 毛里求斯
Lugat 吕加国 – 阿尔巴尼亚，也叫作：Liogat、Kukuthi

Mandurugo – 菲律宾
Mara 马拉 – 斯拉夫，也叫作：Mora 莫拉
Masan 马山 – 印度，也叫作：Masani 马萨尼
Mati-Anak – 马来西亚，也拼成：Pontianak
Mau-Mau 茅茅 – 肯尼亚 1950 年
Martin Dumollard – 法国 1888
The Melrose Vampire 梅尔罗斯吸血鬼 – 英国
Melusine – 法国
Mercure Galant– 法国 1693
Michel Beheim – 德国 1463
the Mikonos Vampire– 希腊 1702
Mmbyu – 印度，早期也拼成：Pocu Pati
Mulo 穆洛 – 复数是 Mulé，拼写变化：Mullo 穆洛、Mormolykia

Nachtzehrer – 德国，拼写变体：Neuntoter、Nachttoter
Nelapsi – 斯洛伐克
Nora 诺拉 – 匈牙利

Obayifo – 西非
Obur 欧博
Ohyn – 波兰
Opyrb，拼写变体：Opirb

Pacu Pati 帕卡帕蒂 – 印度
Pelesit – 马来西亚
Penanggalan – 马来西亚
Peter Plogojowitz – 塞尔维亚

Rakasahas – 印度，拼写变体 Rakasahis
Revenants – 中世纪英国
Richmond Vampire 里奇蒙吸血鬼 – 弗吉尼亚州里奇蒙，美国

Sava Savanoviò 萨瓦萨瓦诺维奇 – 塞尔维亚
Strigoi – 罗马尼亚，拼写变体 Strigoaica、Moroi
Strix – 古罗马，其他拼法：Striga 独脚金、Stirge
Sukuyan – 加勒比
Succubus 魅魔 – 犹太教、基督教
Sybaris 锡巴里斯 – 希腊

Talamaur – 澳大利亚
Tlahuelpuchi – 墨西哥，其他拼法：Tlaciques

Ubour – 保加利亚
Upir – 俄罗斯，其他拼法：Upyr
Ustrel – 保加利亚
Utukku – 苏美尔/伊拉克

Vârcolac – 罗马尼亚，变形：Varcolaci、Pricolici
Vetlas 费特拉斯 – 印度
Vampirdzhija– 实际上是保加利亚的吸血鬼猎人
Vhlk'h dlaka – 希腊
Vjesci – 德国
Vourdalak – 俄罗斯
Vrykolakas βρυκὀλακας – 希腊，其他拼法：Vorvolakas
Vincenzo Verzeni– 意大利

Yara–ma–yha–who– 澳大利亚
Zaloznye Pokojniki – 俄罗斯
Zorfabio – 新西兰